Le racisme
expliqué à ma fille

Tahar Ben Jelloun

Le racisme
expliqué
à ma fille

Nouvelle édition avec
les commentaires des enfants

Éditions du Seuil

à Mérième

ISBN 2-02-036275-9

© ÉDITIONS DU SEUIL, JANVIER 1998, JANVIER 1999

Introduction

C'est en allant manifester, le 22 février 1997, avec ma fille contre le projet de loi Debré sur l'entrée et le séjour des étrangers en France que j'ai eu l'idée d'écrire ce texte. Ma fille, dix ans, m'a posé beaucoup de questions. Elle voulait savoir pourquoi on manifestait, ce que signifiaient certains slogans, si cela servait à quelque chose de défiler dans la rue en protestant, etc.

C'est ainsi qu'on en est arrivés à parler du racisme. Me souvenant de ses interrogations et de ses réflexions, j'ai rédigé un texte. Dans un premier temps, nous l'avons lu ensemble. J'ai dû le réécrire presque entièrement. J'ai dû changer des mots compliqués et expliquer des notions difficiles. Une autre lecture eut lieu en présence de deux de ses amies. Leurs réactions furent très intéressantes. J'en ai tenu compte dans les versions que j'ai rédigées après.

Ce texte a été écrit pas moins de quinze fois. Besoin de clarté, de simplicité et d'objectivité. Je voudrais qu'il soit accessible à tous, même si je le destine en priorité aux enfants entre huit et quatorze ans. Leurs parents pourront le lire aussi.

Je suis parti du principe que la lutte contre le racisme commence avec l'éducation. On peut éduquer des enfants, pas des adultes. C'est pour cela que ce texte a été pensé et écrit dans un souci pédagogique.

Je voudrais remercier les amis qui ont eu la gentillesse de relire ce texte et de me faire part de leurs remarques. Merci aussi aux amies de Mérième qui ont participé à l'élaboration des questions.

– Dis, Papa, c'est quoi le racisme ?

– Le racisme est un comportement assez répandu, commun à toutes les sociétés, devenu, hélas !, banal dans certains pays parce qu'il arrive qu'on ne s'en rende pas compte. Il consiste à se méfier, et même à mépriser, des personnes ayant des caractéristiques physiques et culturelles différentes des nôtres.

– Quand tu dis « commun », tu veux dire normal ?

– Non. Ce n'est pas parce qu'un comportement est courant qu'il est normal. En général, l'homme a tendance à se méfier de quelqu'un de différent de lui, un étranger par exemple ; c'est un comportement aussi ancien que l'être humain ; il est universel. Cela touche tout le monde.

– Si ça touche tout le monde, je pourrais être raciste !

– D'abord, la nature spontanée des enfants n'est pas raciste. Un enfant ne naît pas raciste. Si ses parents ou ses proches n'ont pas mis dans sa tête des idées racistes, il n'y a pas de raison pour qu'il le devienne. Si, par exemple, on te fait croire que ceux qui ont la peau blanche sont supérieurs à ceux dont la peau est noire, si tu prends au sérieux cette affirmation, tu pourrais avoir un comportement raciste à l'égard des Noirs.

– C'est quoi être supérieur ?

– C'est, par exemple, croire, du fait qu'on a la peau blanche, qu'on est plus intelligent que quelqu'un dont la peau est d'une autre couleur, noire ou jaune. Autrement dit, les traits physiques du corps humain, qui nous différencient les uns des autres, n'impliquent aucune inégalité.

– Tu crois que je pourrais devenir raciste ?

– Le devenir, c'est possible ; tout dépend de l'éducation que tu auras reçue. Il vaut mieux le savoir et s'empêcher de l'être, autrement dit accepter l'idée que tout enfant ou tout adulte est capable, un jour, d'avoir un sentiment et un comportement de rejet à l'égard de quelqu'un qui ne lui a rien fait mais qui est différent de lui. Cela arrive souvent. Chacun d'entre nous peut avoir, un jour, un mauvais geste, un mauvais sentiment. On est agacé par un être qui ne nous est pas familier, on pense qu'on est mieux que lui, on a un sentiment soit de supériorité soit d'infériorité par rapport à lui, on le rejette, on ne veut pas de lui comme voisin, encore moins comme ami, simplement parce qu'il s'agit de quelqu'un de différent.

– Différent ?
– La **différence**, c'est le contraire de la ressemblance, de ce qui est identique. La première différence manifeste est le sexe. Un homme se sent différent d'une femme. Et réciproquement. Quand il s'agit de cette différence-là, il y a, en général, attirance.

« Par ailleurs, celui qu'on appelle « différent » a une autre couleur de peau que nous, parle une autre langue, cuisine autrement que nous, a d'autres coutumes, une autre religion, d'autres façons de vivre, de faire la fête, etc. Il y a la différence qui se manifeste par les apparences physiques (la taille, la couleur de la peau, les traits du visage, etc.), et puis il y a la différence du comportement, des mentalités, des croyances, etc.

– Alors le raciste n'aime pas les langues, les cuisines, les couleurs qui ne sont pas les siennes ?

– Non, pas tout à fait ; un raciste peut aimer et apprendre d'autres langues parce qu'il en a besoin pour son travail ou ses loisirs, mais il peut porter un jugement négatif et injuste sur les peuples qui parlent ces langues. De même, il peut refuser de louer une chambre à un étudiant étranger, vietnamien par exemple, et aimer manger dans des restaurants asiatiques. Le raciste est celui qui pense que tout ce qui est trop différent de lui le menace dans sa tranquillité.

– C'est le raciste qui se sent menacé ?

– Oui, car il a peur de celui qui ne lui ressemble pas. Le raciste est quelqu'un qui souffre d'un complexe d'infériorité ou de supériorité. Cela revient au même puisque son comportement, dans un cas comme dans l'autre, sera du mépris.

– Il a peur ?

– L'être humain a besoin d'être rassuré. Il n'aime pas trop ce qui risque de le déranger dans ses certitudes. Il a tendance à se méfier de ce qui est nouveau. Souvent, on a peur de ce qu'on ne connaît pas. On a peur dans l'obscurité, parce qu'on ne voit pas ce qui pourrait nous arriver quand toutes les lumières sont éteintes. On se sent sans défense face à l'inconnu. On imagine des choses horribles. Sans raison. Ce n'est pas logique. Parfois, il n'y a rien qui justifie la peur, et pourtant on a peur. On a beau se raisonner, on réagit comme si une menace réelle existait. Le racisme n'est pas quelque chose de juste ou de raisonnable.

– Papa, si le raciste est un homme qui a peur, le chef du parti qui n'aime pas les étrangers doit avoir peur tout le temps. Pourtant, chaque fois qu'il apparaît à la télévision, c'est moi qui ai peur ! Il hurle, menace le journaliste et tape sur la table.

– Oui, mais ce chef dont tu parles est un homme politique connu pour son agressivité. Son racisme s'exprime de manière violente. Il communique aux gens mal informés des affirmations fausses pour qu'ils aient peur. Il exploite la peur, parfois réelle, des gens. Par exemple, il leur dit que les immigrés viennent en France pour prendre le travail des Français, toucher les allocations familiales et se faire soigner gratuitement dans les hôpitaux. Ce n'est pas vrai. Les immigrés font souvent les travaux que refusent les Français. Ils payent leurs impôts et cotisent pour la sécurité sociale ; ils ont droit aux soins quand ils tombent malades. Si demain, par malheur, on expulsait tous les immigrés de France, l'économie de ce pays s'écroulerait.

– Je comprends. Le raciste a peur sans raison.

pauvre

– Il a peur de l'étranger, celui qu'il ne connaît pas, surtout si cet étranger est plus pauvre que lui. Il se méfiera plus d'un ouvrier africain que d'un milliardaire américain. Ou mieux encore, quand un émir d'Arabie vient passer des vacances sur la Côte d'Azur, il est accueilli à bras ouverts, parce que celui qu'on accueille, ce n'est pas l'Arabe, mais l'homme riche venu dépenser de l'argent.

– C'est quoi un **étranger** ?

– Le mot « étranger » vient du mot « étrange », qui signifie du dehors, extérieur. Il désigne celui qui n'est pas de la famille, qui n'appartient pas au clan ou à la tribu. C'est quelqu'un qui vient d'un autre pays, qu'il soit proche ou lointain, parfois d'une autre ville ou d'un autre village. Cela a donné le mot **« xénophobie »**, qui signifie hostile aux étrangers, à ce qui vient de l'étranger. Aujourd'hui, le mot « étrange » désigne quelque chose d'extraordinaire, de très différent de ce qu'on a l'habitude de voir. Il a comme synonyme le mot « bizarre ».

– Quand je vais chez ma copine, en Normandie, je suis une étrangère ?

– Pour les habitants du coin, oui, sans doute, puisque tu viens d'ailleurs, de Paris, et que tu es marocaine. Tu te souviens quand nous sommes allés au Sénégal ? Eh bien, nous étions des étrangers pour les Sénégalais.

– Mais les Sénégalais n'avaient pas peur de moi, ni moi d'eux !

– Oui, parce que ta maman et moi t'avions expliqué que tu ne devais pas avoir peur des étrangers, qu'ils soient riches ou pauvres, grands ou petits, blancs ou noirs. N'oublie pas ! On est toujours l'étranger de quelqu'un, c'est-à-dire qu'on est toujours perçu comme quelqu'un d'étrange par celui qui n'est pas de notre culture.

– Dis, Papa, je n'ai toujours pas compris pourquoi le racisme existe un peu partout.

– Dans les sociétés très anciennes, dites primitives, l'homme avait un comportement proche de celui de l'animal. Un chat commence par marquer son territoire. Si un autre chat, ou un autre animal, tente de lui voler sa nourriture ou de s'en prendre à ses petits, le chat qui se sent chez lui se défend et protège les siens de toutes ses griffes. L'homme est ainsi. Il aime avoir sa maison, sa terre, ses biens et se bat pour les garder. Ce qui est normal. Le raciste, lui, pense que l'étranger, quel qu'il soit, va lui prendre ses biens. Alors il s'en méfie, sans même réfléchir, presque d'instinct. L'animal ne se bat que s'il est attaqué. Mais parfois l'homme attaque l'étranger sans même que celui-ci ait l'intention de lui ravir quoi que ce soit.

– Et tu trouves ça commun à toutes les sociétés ?

– Commun, assez répandu, oui, normal, non. Depuis longtemps, l'homme agit ainsi. Il y a la nature et puis la culture. Autrement dit, il y a le comportement instinctif, sans réflexion, sans raisonnement, puis il y a le comportement réfléchi, celui qu'on a acquis par l'éducation, l'école et le raisonnement. C'est ce qu'on appelle « culture », par opposition à « nature ». Avec la culture, on apprend à vivre ensemble ; on apprend surtout que nous ne sommes pas seuls au monde, qu'il existe d'autres peuples avec d'autres traditions, d'autres façons de vivre et qu'elles sont aussi valables que les nôtres.

– Si par culture tu veux dire éducation, le racisme peut aussi venir de ce qu'on apprend…

– On ne naît pas raciste, on le devient. Il y a une bonne et une mauvaise éducation. Tout dépend de celui qui éduque, que ce soit à l'école ou à la maison.

– Alors, l'animal, qui ne reçoit aucune éducation, est meilleur que l'homme !

– Disons que l'animal n'a pas de sentiments préétablis. L'homme, au contraire, a ce qu'on appelle des **préjugés**. Il juge les autres avant de les connaître. Il croit savoir d'avance ce qu'ils sont et ce qu'ils valent. Souvent, il se trompe. Sa peur vient de là. Et c'est pour combattre sa peur que l'homme est parfois amené à faire la guerre. Tu sais, quand je dis qu'il a peur, il ne faut pas croire qu'il tremble ; au contraire, sa peur provoque son agressivité ; il se sent menacé et il attaque. Le raciste est agressif.

– Alors c'est à cause du racisme qu'il y a des guerres ?

– Certaines, oui. A la base, il y a une volonté de prendre le bien des autres. On utilise le racisme ou la religion pour pousser les gens à la haine, à se détester alors qu'ils ne se connaissent même pas. Il y a la peur de l'étranger, peur qu'il prenne ma maison, mon travail, ma femme. C'est l'ignorance qui alimente la peur. Je ne sais pas qui est cet étranger, et lui non plus ne sait pas qui je suis. Regarde par exemple nos voisins de l'immeuble. Ils se sont longtemps méfiés de nous, jusqu'au jour où nous les avons invités à manger un couscous. C'est à ce moment-là qu'ils se sont rendu compte que nous vivions comme eux. A leurs yeux, nous avons cessé de paraître dangereux, bien que nous soyons originaires d'un autre pays, le Maroc. En les invitant, nous avons chassé leur méfiance. Nous nous sommes parlé, nous nous sommes un peu mieux connus. Nous avons ri ensemble. Cela veut dire que nous étions à l'aise entre nous, alors qu'auparavant, quand nous nous rencontrions dans l'escalier, nous nous disions à peine bonjour.

– Donc, pour lutter contre le racisme, il faut s'inviter les uns les autres !

– C'est une bonne idée. Apprendre à se connaître, à se parler, à rire ensemble ; essayer de partager ses plaisirs, mais aussi ses peines, montrer que nous avons souvent les mêmes préoccupations, les mêmes problèmes, c'est cela qui pourrait faire reculer le racisme. Le voyage lui aussi peut être un bon moyen pour mieux connaître les autres. Déjà Montaigne (1533-1592) poussait ses compatriotes à voyager et à observer les différences. Pour lui, le voyage était le meilleur moyen de « frotter et limer notre cervelle contre celle d'autrui ». Connaître les autres pour mieux se connaître.

– Est-ce que le racisme a toujours existé ?

– Oui, depuis que l'homme existe, sous des

formes différentes selon les époques. Déjà, à une époque très ancienne, l'époque de la préhistoire, celle qu'un romancier a appelée « la guerre du feu », les hommes s'attaquaient avec des armes rudimentaires, de simples gourdins, pour un territoire, une cabane, une femme, des provisions de nourriture, etc. Alors ils fortifiaient les frontières, aiguisaient leurs armes, de peur d'être envahis. L'homme est obsédé par sa sécurité, ce qui l'entraîne parfois à craindre le voisin, l'étranger.

— Le racisme, c'est la guerre ?

— Les guerres peuvent avoir des causes différentes, souvent économiques. Mais, en plus, certaines se font au nom de la supposée supériorité d'un groupe sur un autre. On peut dépasser cet aspect instinctif par le raisonnement et par l'éducation. Pour y arriver, il faut décider de ne plus avoir peur du voisin, de l'étranger.

— Alors, qu'est-ce qu'on peut faire ?

— Apprendre. S'éduquer. Réfléchir. Chercher à comprendre toute chose, se montrer curieux de tout ce qui touche à l'homme, contrôler ses premiers instincts, ses pulsions...

— C'est quoi une **pulsion** ?

— C'est l'action de pousser, de tendre vers un

but de manière non réfléchie. Ce mot a donné « répulsion », qui est l'action concrète de repousser l'ennemi, de chasser quelqu'un vers l'extérieur. Répulsion veut dire aussi dégoût. Il exprime un sentiment très négatif.

– Le raciste, c'est celui qui pousse l'étranger dehors parce qu'il le dégoûte ?

– Oui, il le chasse même s'il n'est pas menacé, simplement parce qu'il ne lui plaît pas. Et, pour justifier cette action violente, il invente des arguments qui l'arrangent. Parfois, il fait appel à la science, mais la science n'a jamais justifié le racisme. Il lui fait dire n'importe quoi, parce qu'il pense que la science lui fournit des preuves solides et incontestables. Le racisme n'a aucune base scientifique, même si des hommes ont essayé de se servir de la science pour justifier leurs idées de **discrimination**.

– Que veut dire ce mot ?

– C'est le fait de séparer un groupe social ou ethnique des autres en le traitant plus mal. C'est comme si, par exemple, dans une école, l'administration décidait de regrouper dans une classe tous les élèves noirs parce qu'elle considère que ces enfants sont moins intelligents que les autres. Heureusement, cette discrimination n'existe pas dans les écoles françaises. Elle a existé en Amérique et en Afrique du Sud. Quand on oblige une communauté, ethnique ou religieuse, à se rassembler pour vivre isolée du reste de la population, on crée ce qu'on appelle des **ghettos**.

– C'est une prison ?

– Le mot « ghetto » est le nom d'une petite île en face de Venise, en Italie. En 1516, les Juifs de Venise furent envoyés dans cette île, séparés des autres communautés. Le ghetto est une forme de prison. En tout cas, c'est une discrimination.

– Quelles sont les preuves scientifiques du raciste ?

– Il n'y en a pas, mais le raciste croit ou fait croire que l'étranger appartient à une autre race, une race qu'il considère comme inférieure. Mais il a totalement tort, il existe une seule race et c'est tout, appelons-la le genre humain ou l'espèce humaine, par opposition à l'espèce animale. Chez les animaux, les différences sont grandes d'une espèce à l'autre. Il y a l'espèce canine et l'espèce bovine. Dans l'espèce canine, les différences sont si importantes (entre un berger allemand et un teckel) qu'il est possible de définir des races. C'est impossible pour l'espèce humaine, parce qu'un homme égale un homme.

– Mais, Papa, on dit bien que quelqu'un est de race blanche, un autre de race noire, ou jaune, on nous l'a souvent dit à l'école. L'institutrice nous a encore dit l'autre jour qu'Abdou, qui vient du Mali, était de race noire.

– Si ton institutrice a vraiment dit cela, elle se trompe. Je suis désolé de te dire ça, je sais que tu l'aimes bien, mais elle commet une erreur et je crois qu'elle ne le sait pas elle-même. Écoute-moi bien, ma fille : **les** races humaines n'existent pas. Il existe un genre humain dans lequel il y a des hommes et des femmes, des personnes de couleur, de grande taille ou de petite taille, avec des aptitudes différentes et variées. Et puis il y a plusieurs races animales. Le mot « race » ne doit pas être utilisé pour dire qu'il y a une diversité humaine. Le mot « race » n'a pas de base scientifique. Il a été utilisé pour exagérer les effets de différences apparentes, c'est-à-dire physiques. On n'a pas le droit de se baser sur les différences physiques – la couleur de la peau, la taille, les traits du visage – pour diviser l'humanité de manière hiérarchique, c'est-à-dire en considérant qu'il existe des hommes supérieurs par rapport à d'autres hommes qu'on mettrait dans une classe inférieure. Autrement dit, on n'a pas le droit de croire, et surtout de faire croire, que parce qu'on est blanc de peau on a des qualités supplémentaires par rapport à une personne de couleur. **Je te propose de ne plus utiliser le mot « race »**. Il a tellement été exploité par des gens malveillants qu'il vaut mieux le remplacer par les mots « genre humain ». Donc le genre humain est composé de groupes divers et différents. Mais tous les hommes et toutes les femmes de la planète ont du sang de la même couleur dans leurs veines, qu'ils aient la peau rose, blanche, noire, marron, jaune ou autre.

– Pourquoi les Africains ont la peau noire et les Européens la peau blanche ?

– L'aspect foncé de la peau est dû à un pigment appelé la **mélanine**. Ce pigment existe chez tous les êtres humains. Il est cependant fabriqué par l'organisme en plus grande quantité chez les Africains que chez les Européens ou les Asiatiques.

– Alors mon copain Abdou fabrique plus de…

– Mélanine, c'est comme un colorant.

– Donc il fabrique plus de mélanine que moi. Je sais aussi que nous avons tous du sang rouge, mais quand Maman avait besoin de sang, le médecin avait dit que ton groupe était différent.

– Oui, il existe plusieurs **groupes sanguins** : ils sont au nombre de quatre, A, B, O et AB. Le groupe O est donneur universel. Le groupe AB est receveur universel. Cela n'a rien à voir avec une question de supériorité ou d'infériorité. Les différences sont dans la culture (la langue, les coutumes, les rites, la cuisine, etc.). Souviens-toi, c'est Tam, l'amie vietnamienne de ta mère, qui lui a donné du sang, alors que ta maman est marocaine. Elles ont le même groupe sanguin. Et pourtant elles sont de cultures très différentes et n'ont pas la même couleur de peau.

– Donc si un jour mon copain malien, Abdou, a besoin de sang, je pourrai lui en donner ?

– Si vous appartenez au même groupe sanguin, oui.

– C'est quoi, un raciste ?

– Le raciste est celui qui, sous prétexte qu'il n'a pas la même couleur de peau, ni la même langue, ni la même façon de faire la fête, se croit meilleur, disons supérieur, que celui qui est différent de lui. Il persiste à croire qu'il existe plusieurs races et se dit : « Ma race est belle et noble ; les autres sont laides et bestiales. »

– Il n'y a pas de race meilleure ?

– Non. Des historiens, aux XVIIIe et XIXe siècles, ont essayé de démontrer qu'il existait une race blanche qui serait meilleure sur le plan physique et mental qu'une supposée race noire. A l'époque, on croyait que l'humanité était divisée en plusieurs races. Un historien (Ernest Renan, 1823-1892) a même désigné les groupes humains appartenant à « la race inférieure » : les Noirs d'Afrique, les Aborigènes d'Australie et les Indiens d'Amérique. Pour lui, « le Noir serait à l'homme ce qu'est l'âne au cheval », c'est-à-dire « un homme à qui manqueraient l'intelligence et la beauté » ! Mais, comme dit un professeur en médecine spécialiste du sang, « les races pures, dans le règne animal, ne peuvent exister qu'à l'état expérimental, au laboratoire, avec des souris par exemple ». Il ajoute qu'« il existe plus de différences socioculturelles entre un Chinois, un Malien et un Français, que de différences génétiques ».

– C'est quoi les **différences socioculturelles** ?

– Les différences socioculturelles sont celles qui distinguent un groupe humain d'un autre, à travers la manière dont les hommes s'organisent en société (n'oublie pas, chaque groupe humain a ses traditions et ses coutumes) et ce qu'ils créent comme produits culturels (la musique africaine est différente de la musique européenne). La culture de l'un est différente de celle de l'autre groupe. Il en va de même pour ce qui concerne la manière de se marier, de faire la fête, etc.

– Et c'est quoi la **génétique**?

– Le terme «génétique» désigne les gènes, c'est-à-dire des éléments responsables du facteur héréditaire dans notre organisme. Un gène est une unité héréditaire. Tu sais ce que c'est que l'**hérédité**? C'est tout ce que les parents transmettent à leurs enfants : par exemple, les caractères physiques et psychiques. La ressemblance physique et certains traits de caractère des parents qu'on retrouve chez leurs enfants s'expliquent par l'hérédité.

– Alors nous sommes plus différents par notre éducation que par les gènes?

– De toute façon, nous sommes tous différents les uns des autres. Simplement, certains d'entre nous ont des traits communs héréditaires. En général, ils se regroupent entre eux. Ils forment une population qui se distingue d'un autre groupe par sa façon de vivre. Il existe plusieurs groupes humains qui diffèrent entre eux par la couleur de la peau, par le système pileux, par les traits du visage et aussi par la culture.

Quand ils se mélangent (par le mariage), cela donne des enfants qu'on appelle « métis ». En général, les métis sont beaux. C'est le mélange qui produit la beauté. Le métissage est un bon rempart contre le racisme.

– Si nous sommes tous différents, la ressemblance n'existe pas…

– Chaque être humain est unique. De par le monde, il n'existe pas deux êtres humains absolument identiques. Même de vrais jumeaux restent différents. La particularité de l'homme, c'est de porter une identité qui ne définit que lui-même. Il est singulier, c'est-à-dire irremplaçable. On peut certes remplacer un fonctionnaire par un autre, mais la reproduction exacte du même est impossible. Chacun d'entre nous peut se dire : « je ne suis pas comme les autres », et il aura raison. Dire : « je suis unique », cela ne veut pas dire « être le meilleur ». C'est simplement constater que chaque être humain est singulier. Autrement dit, chaque visage est un miracle, unique et inimitable.

– Moi aussi ?

– Absolument. Tu es unique, comme Abdou est unique, comme Céline est unique. Il n'existe pas sur terre deux empreintes digitales rigoureusement identiques. Chaque doigt a sa propre empreinte. C'est pour cela que, dans les films policiers, on commence par relever les empreintes laissées sur les objets pour identifier les personnes qui se trouvaient sur les lieux du crime.

– Mais, Papa, on a montré l'autre jour à la télévision une brebis qui a été fabriquée en deux exemplaires !

– Tu veux parler de ce qu'on appelle le **clonage**, le fait de reproduire une chose en autant d'exemplaires qu'on veut. Cela est possible avec les objets. Ils sont fabriqués par des machines qui reproduisent le même objet de manière identique. Mais on ne doit pas le faire avec les animaux et encore moins avec les humains.

– Tu as raison, je n'aimerais pas avoir deux Céline dans ma classe. Une seule suffit.

– Tu te rends compte, si on pouvait reproduire les humains comme on fait des photocopies, on contrôlerait le monde, on déciderait de multiplier certains ou d'en éliminer d'autres. C'est horrible.

– Ça me fait peur… Même ma meilleure amie, je n'aimerais pas l'avoir en double !

– Et puis, si on autorisait le clonage, des hommes dangereux pourraient s'en servir à leur profit, par exemple prendre le pouvoir et écraser les faibles. Heureusement, l'être humain est unique et ne se reproduit pas à l'identique. Parce que je ne suis pas identique à mon voisin ni à mon frère jumeau, parce que nous sommes tous différents les uns des autres, on peut dire et constater que « la richesse est dans la différence ».

– Si j'ai bien compris, le raciste a peur de l'étranger parce qu'il est ignorant, croit qu'il existe plusieurs races et considère la sienne comme la meilleure ?

– Oui, ma fille. Mais ce n'est pas tout. Tu as oublié la violence et la volonté de dominer les autres.

– Le raciste est quelqu'un qui se trompe.

– Les racistes sont convaincus que le groupe auquel ils appartiennent – qui peut être défini par la religion, le pays, la langue, ou tout ensemble – est supérieur au groupe d'en face.

– Comment font-ils pour se sentir supérieurs ?

– En croyant et en faisant croire qu'il existe des inégalités naturelles d'ordre physique, c'est-à-dire apparentes, ou d'ordre culturel, ce qui leur donne un sentiment de supériorité par rapport aux autres. Ainsi, certains se réfèrent à la religion pour justifier leur comportement ou leur sentiment. Il faut dire que chaque religion croit être la meilleure pour tous et a tendance à proclamer que ceux qui ne la suivent pas font fausse route.

— Tu dis que les religions sont racistes?

— Non, ce ne sont pas les religions qui sont racistes, mais ce que les hommes en font parfois et qui se nourrit du racisme. En l'an 1095, le pape Urbain II lança, à partir de la ville de Clermont-Ferrand, une guerre contre les musulmans, considérés comme des infidèles. Des milliers de chrétiens partirent vers les pays d'Orient massacrer les Arabes et les Turcs. Cette guerre, faite au nom de Dieu, prit le nom de « croisades ». (La croix, symbole des chrétiens, contre le croissant, symbole des musulmans.)

« Entre le XIe et le XVe siècle, les chrétiens d'Espagne ont expulsé les musulmans puis les Juifs en invoquant des raisons religieuses.

« Ainsi, certains prennent appui sur les livres sacrés pour justifier leur tendance à se dire supérieurs aux autres. Les guerres de religion sont fréquentes.

— Mais tu m'as dit un jour que le Coran était contre le racisme.

— Oui, le Coran, comme la Thora ou la Bible;

tous les livres sacrés sont contre le racisme. Le Coran dit que les hommes sont égaux devant Dieu et qu'ils sont différents par l'intensité de leur foi. Dans la Thora, il est écrit : « ... si un étranger vient séjourner avec toi, ne le moleste point, il sera pour toi comme un de tes compatriotes... et tu l'aimeras comme toi-même. » La Bible insiste sur le respect du prochain, c'est-à-dire de l'autre être humain, qu'il soit ton voisin, ton frère ou un étranger. Dans le Nouveau Testament, il est dit : « Ce que je vous commande, c'est de vous aimer les uns les autres », et « Tu aimeras ton prochain comme toi-même ». Toutes les religions prêchent la paix entre les hommes.

– Et si on ne croit pas en Dieu ? Je dis ça parce que parfois je me demande si l'enfer, le paradis existent vraiment...

– Si on n'a pas la foi, on est mal vu, très mal vu, par les religieux ; pour les plus fanatiques d'entre eux, on devient même un ennemi.

– L'autre jour, à la télévision, quand il y a eu des attentats, un journaliste a accusé l'islam. C'était un journaliste raciste, d'après toi ?

– Non, il n'est pas raciste, il est ignorant et incompétent. Ce journaliste confond l'islam et la politique. Ce sont des hommes politiques qui utilisent l'islam dans leurs luttes. On les appelle des intégristes.

– Ce sont des racistes ?

– Les intégristes sont des fanatiques. Le fanatique est celui qui pense qu'il est le seul à détenir la Vérité. Souvent, le fanatisme et la religion vont ensemble. Les intégristes existent dans la plupart des religions. Ils se croient inspirés par l'esprit divin. Ils sont aveugles et passionnés et veulent imposer leurs convictions à tous les autres. Ils sont dangereux, car ils n'accordent pas de prix à la vie des autres. Au nom de leur Dieu, ils sont prêts à tuer et même à mourir ; beaucoup sont manipulés par un chef. Évidemment, ils sont racistes.

– C'est comme les gens qui votent pour Le Pen ?

– Le Pen dirige un parti politique fondé sur le racisme, c'est-à-dire la haine de l'étranger, de l'immigré, la haine des musulmans, des Juifs, etc.

– C'est le parti de la haine !

– Oui. Mais tous ceux qui votent pour Le Pen ne sont peut-être pas racistes… Je me le demande… Sinon, il y aurait plus de quatre millions de racistes en France ! C'est beaucoup ! On les trompe ; ou bien ils ne veulent pas voir la réalité. En votant pour Le Pen, certains expriment un désarroi ; mais ils se trompent de moyen.

– Dis-moi, Papa, comment faire pour que les gens ne soient plus racistes ?

– Comme disait le général de Gaulle, « vaste programme » ! La haine est tellement plus facile à installer que l'amour. Il est plus facile de se méfier, de ne pas aimer que d'aimer quelqu'un qu'on ne connaît pas. Toujours cette tendance spontanée, la fameuse pulsion de tout à l'heure, qui s'exprime par le refus et le rejet.

– C'est quoi le **refus**, le **rejet** ?

– C'est le fait de fermer la porte et les fenêtres. Si l'étranger frappe à la porte, on ne lui ouvre pas. S'il insiste, on ouvre mais on ne lui permet pas de rester ; on lui signifie qu'il vaut mieux aller ailleurs, on le repousse.

– Et ça donne la haine ?

– Ça, c'est la méfiance naturelle que certaines personnes ont les unes pour les autres. La haine est un sentiment plus grave, plus profond, car il suppose son contraire, l'amour.

– Je ne comprends pas, de quel amour tu parles ?

– Celui que l'on a pour soi-même.

– Ça existe, des gens qui ne s'aiment pas eux-mêmes ?

– Quand on ne s'aime pas, on n'aime personne. C'est comme une maladie. C'est une
misère. Très souvent, le raciste s'aime beaucoup. Il s'aime tellement qu'il n'a plus de place
pour les autres. D'où son égoïsme.

– Alors, le raciste est quelqu'un qui n'aime
personne et est égoïste. Il doit être malheureux.
C'est l'enfer !

– Oui, le racisme, c'est l'enfer.

– L'autre jour, en parlant avec tonton, tu as
dit : « L'enfer c'est les autres. » Qu'est-ce que ça
veut dire ?

– Ça n'a rien à voir avec le racisme. C'est
une expression qu'on utilise quand on est
obligé de supporter des gens avec lesquels on
n'a pas envie de vivre.

– C'est comme le racisme.

– Non, pas tout à fait, car il ne s'agit pas
d'aimer tout le monde. Si quelqu'un, disons
ton cousin turbulent, envahit ta chambre,
déchire tes cahiers et t'empêche de jouer
toute seule, tu n'es pas raciste parce que tu le
mets hors de ta chambre. En revanche, si un
camarade de classe, disons Abdou le Malien,
vient dans ta chambre, se conduit bien et que
tu le mets dehors pour la seule raison qu'il
est noir alors, là, tu es raciste. Tu comprends ?

– D'accord, mais « l'enfer, c'est les autres »,
je n'ai pas bien compris.

– C'est une réplique tirée d'une pièce de
Jean-Paul Sartre qui s'appelle *Huis clos*. Trois
personnages se retrouvent dans une belle
chambre après leur mort, et pour toujours. Ils
devront vivre ensemble et n'ont aucun moyen
d'en échapper. C'est ça l'enfer. D'où l'expression « l'enfer, c'est les autres ».

– Là, ce n'est pas du racisme. J'ai le droit de
ne pas aimer tout le monde. Mais comment
savoir quand ce n'est pas du racisme ?

– Un homme ne peut pas aimer absolument
tout le monde, et s'il est obligé de vivre avec des
gens qu'il n'a pas choisis, il pourra vivre l'enfer
et leur trouver des défauts, ce qui le rappro-
chera du raciste. Pour justifier sa répulsion, le
raciste invoque des caractéristiques physiques ;
il dira : je ne peux plus supporter un tel parce
qu'il a le nez busqué, ou parce qu'il a les che-
veux crépus, ou les yeux bridés, etc. Voici ce
que pense au fond de lui le raciste : « Peu m'importe de connaître les défauts et les qualités
individuels d'une personne. Il me suffit de savoir qu'elle appartient à une communauté déterminée pour la rejeter. » Il s'appuie sur des
traits physiques ou psychologiques pour justifier son rejet de la personne.

– Donne-moi des exemples.

– On dira que les Noirs sont « robustes mais paresseux, gourmands et malpropres » ; on dira que les Chinois sont « petits, égoïstes et cruels » ; on dira que les Arabes sont « fourbes, agressifs et traîtres », on dira « c'est du travail arabe » pour caractériser un travail bâclé ; on dira que les Turcs sont « forts et brutaux » ; on affublera les Juifs des pires défauts physiques et moraux pour tenter de justifier leurs persécutions… Les exemples abondent. Des Noirs diront que les Blancs ont une drôle d'odeur, des Asiatiques diront que les Noirs sont des sauvages, etc. Il faut chasser de ton vocabulaire ces expressions toutes faites, du genre « tête de Turc », « travail arabe », « rire jaune », « trimer comme un nègre », etc. Ce sont des sottises qu'il faut combattre.

– Comment les combattre ?

– D'abord, apprendre à respecter. Le respect est essentiel. D'ailleurs, les gens ne réclament pas qu'on les aime mais qu'on les respecte dans leur dignité d'être humain. Le respect, c'est avoir de l'égard et de la considération. C'est savoir écouter. L'étranger réclame non de l'amour et de l'amitié, mais du respect. L'amour et l'amitié peuvent naître après, quand on se connaît mieux et qu'on s'apprécie. Mais, au départ, il ne faut avoir aucun jugement décidé d'avance. Autrement dit, pas de préjugé. Or le racisme se développe grâce à des idées toutes faites sur les peuples et leur culture. Je te donne d'autres exemples de généralisations stupides : les Écossais sont avares, les Belges pas très malins, les Gitans voleurs, les Asiatiques sournois, etc. Toute généralisation est imbécile et source d'erreur. C'est pour ça qu'il ne faut jamais dire : « Les Arabes sont ceci ou cela » ; « Les Français sont comme ci ou comme ça… », etc. Le raciste est celui qui généralise à partir d'un cas particulier. S'il est volé par un Arabe, il en conclura que tous les Arabes sont des voleurs. Respecter autrui, c'est avoir le souci de la justice.

— Mais on peut raconter des histoires belges sans être raciste !

— Pour pouvoir se moquer des autres, il faut savoir rire de soi-même. Sinon, on n'a pas d'humour. L'humour est une force.

— C'est quoi l'humour, c'est le rire ?

— Avoir le sens de l'humour, c'est savoir plaisanter et ne pas se prendre au sérieux. C'est faire ressortir en toute chose l'aspect qui conduit à rire ou à sourire. Un poète a dit : « L'humour, c'est la politesse du désespoir. »

— Est-ce que les racistes ont le sens de l'humeur, je veux dire de l'humour ?

– C'est un bon lapsus ; avant on utilisait le mot « humeur » pour parler de l'humour. Non, les racistes n'ont pas le sens de l'humour ; quant à leur humeur, elle est souvent méchante. Ils ne savent rire que méchamment des autres, en montrant leurs défauts comme si eux-mêmes n'en avaient pas. Quand le raciste rit, c'est pour montrer sa prétendue supériorité ; en fait, ce qu'il montre, c'est son ignorance et son degré de bêtise, ou sa volonté de nuire. Pour désigner les autres, il utilisera des termes hideux, insultants. Par exemple, il appellera un Arabe « bougnoule », « raton », « bicot », « melon », un Italien « rital » ou « macaroni », un Juif « youpin », un Noir « nègre », etc.

– Quand on est bête, on est raciste ?

– Non, mais quand on est raciste on est bête.

– Donc, si je résume bien, le racisme vient de : 1) la peur, 2) l'ignorance, 3) la bêtise.

– Tu as raison. Il faut que tu saches aussi ceci : on peut posséder le savoir et l'utiliser pour justifier le racisme. L'intelligence peut être utilisée au service d'une mauvaise cause ; donc ce n'est pas aussi simple.

– Comment ?

– Parfois, des gens éduqués et cultivés, à la

suite d'un malheur – le chômage par exemple –, rendent des étrangers responsables de leur situation. Au fond d'eux-mêmes, ils savent que les étrangers n'y sont pour rien, mais ils ont besoin de porter leur colère sur quelqu'un. C'est ce qu'on appelle un **bouc émissaire**.

– C'est quoi un bouc émissaire ?

– Il y a très longtemps, la communauté d'Israël choisissait un bouc qu'elle chargeait symboliquement de ses impuretés et le lâchait dans le désert. Quand on veut faire retomber ses erreurs sur quelqu'un, on choisit un bouc émissaire. En France, les racistes font croire que, s'il y a une crise économique, c'est dû aux étrangers. Ils les accusent de prendre le travail et le pain des Français. Ainsi, le parti appelé le Front national, qui est un parti raciste, a collé sur tous les murs de France des affiches où il était écrit : « 3 millions de chômeurs = 3 millions d'immigrés en trop ». Tu sais, un Français sur cinq est d'origine étrangère !

– Mais les immigrés sont eux aussi frappés par le chômage ! Le père de Souad, la cousine de Maman, n'a pas de travail depuis deux ans. Il cherche mais ne trouve pas. Quelquefois, quand il téléphone pour un boulot, c'est d'accord, puis quand il se présente on lui dit que c'est trop tard !

– Tu as raison. Mais les racistes sont des menteurs. Ils racontent n'importe quoi sans se soucier de la vérité. Ce qu'ils veulent, c'est frapper les imaginations avec des slogans. Des études économiques ont démontré que cette équation, « 3 millions de chômeurs = 3 millions d'immigrés en trop », est absolument fausse. Mais quelqu'un de malheureux parce qu'il est sans emploi est prêt à croire n'importe quelle sottise qui apaisera sa colère.

– Accuser des immigrés ne va pas lui donner du travail !

– Oui, évidemment, nous retrouvons la peur de l'étranger, celui qu'on charge des maux et des méfaits. C'est plus facile. Le raciste est quelqu'un qui pratique la mauvaise foi.

– La **mauvaise foi** ?

– Je te donne un exemple : un élève étranger a de mauvaises notes à l'école. Au lieu de s'en prendre à lui-même parce qu'il n'a pas assez travaillé, il dira que s'il a de mauvaises notes, c'est parce que l'institutrice est raciste.

– C'est comme ma cousine Nadia. Elle a eu un avertissement et elle a dit à ses parents que les professeurs n'aimaient pas les Arabes ! Elle est gonflée, je sais que c'est une mauvaise élève.

– C'est ça la mauvaise foi !

– Mais Nadia n'est pas raciste…

– Elle utilise un argument bête pour dégager sa part de responsabilité, et cela ressemble à la méthode des racistes.

– Donc il faut ajouter à la peur, à l'ignorance et à la bêtise, la mauvaise foi.

– Oui. Si je t'explique aujourd'hui comment on devient raciste, c'est parce que le racisme prend parfois des dimensions tragiques. Alors ce n'est plus une simple question de méfiance ou de jalousie à l'égard des gens appartenant à un groupe donné. Dans le passé, on a vu tout un peuple soumis à la loi du racisme et de l'extermination.

– C'est quoi l'**extermination** ? Ça doit être horrible !

– C'est le fait de faire disparaître de manière radicale et définitive une communauté, un groupe.

– Comment ? On tue tout le monde ?

– C'est ce qui s'est passé durant la Seconde Guerre mondiale lorsque Hitler, le chef de l'Allemagne nazie, a décidé d'éliminer de la planète les Juifs et les Tsiganes (quant aux Arabes, Hitler les a traités de « dernière race après les crapauds » !). Il a réussi à brûler et à gazer cinq millions de Juifs. Cela s'appelle un génocide. A la base, il y a une théorie raciste qui dit : « Les Juifs étant considérés comme des gens appartenant à une "race impure", donc inférieure, ils n'ont pas droit à la vie ; il faut les exterminer, c'est-à-dire les éliminer jusqu'au dernier. » En Europe, les gouvernements qui avaient des Juifs parmi leur population devaient les dénoncer et les livrer aux nazis. Les Juifs devaient porter une étoile jaune sur la poitrine pour qu'on les reconnaisse. On a donné à ce racisme-là le nom d'**antisémitisme**.

– D'où vient ce mot ?

– Il vient du terme « sémite », qui désigne des groupes originaires d'Asie occidentale et parlant des langues proches, comme l'hébreu et l'arabe. C'est ainsi que les Juifs et les Arabes sont des sémites.

– Alors quand on est antisémite on est aussi anti-arabe ?

– En général, quand on parle de l'antisémitisme, on désigne le racisme anti-juif. C'est un racisme particulier, puisqu'il a été pensé froidement et planifié de sorte à tuer tous les Juifs. Pour répondre plus directement à ta question, je dirai que celui qui est anti-juif est aussi anti-arabe. De toute façon, le raciste est celui qui n'aime pas les autres, qu'ils soient juifs, arabes, noirs… Si Hitler avait gagné la guerre, il se serait attaqué à presque toute l'humanité, car la race pure n'existe pas. C'est un non-sens. C'est impossible. C'est pour cela qu'il faut être extrêmement vigilant.

– Est-ce qu'un Juif peut être raciste ?

– Un Juif pourrait être raciste, comme un Arabe pourrait être raciste, comme un Arménien pourrait être raciste, comme un Tsigane pourrait être raciste, comme un homme de couleur pourrait être raciste... Il n'existe pas de groupe humain qui ne comporte en son sein des individus susceptibles d'avoir des sentiments et des comportements racistes.

– Même quand on subit le racisme ?

– Le fait d'avoir souffert de l'injustice ne rend pas forcément juste. Il en est de même pour le racisme. Un homme qui a été victime de racisme pourrait, dans certains cas, céder à la tentation raciste.

– Explique-moi ce que c'est qu'un **génocide**

– C'est la destruction systématique et méthodique d'un groupe ethnique. Quelqu'un de puissant et fou décide froidement de tuer par tous les moyens toutes les personnes appartenant à un groupe humain donné. En général, ce sont les **ethnies** minoritaires qui sont souvent visées par ce genre de décision.

– Encore un mot que je ne connais pas ; c'est quoi une ethnie ?

– C'est un groupe d'individus qui ont en commun une langue, des coutumes, des traditions, une civilisation, qu'il transmet de génération en génération. C'est un peuple qui se reconnaît dans une identité précise. Les individus qui le composent peuvent être éparpillés dans plusieurs pays.

– Donne-moi des exemples.

– Les Juifs, les Berbères, les Arméniens, les Tsiganes, les Chaldéens, ceux qui parlent l'araméen, la langue du Christ, etc.

– Quand on n'est pas nombreux, on risque un génocide ?

– L'Histoire montre que les minorités – ceux qui ne sont pas nombreux – ont souvent été persécutées. Pour ne prendre que ce siècle, dès 1915, les Arméniens, qui vivaient dans les provinces orientales de l'Anatolie, ont été pourchassés et massacrés par les Turcs (plus d'un million de morts sur une population totale de un million huit cent mille personnes). Ensuite, il y a eu les Juifs, massacrés en Russie et en Pologne (on appelle ces massacres des pogroms). Juste après, plus de cinq millions de Juifs ont été tués par les nazis en Europe, dans des camps de concentration. Dès 1933, les nazis considérèrent les Juifs comme « une race négative », une « sous-race », comme ils ont déclaré les Tsiganes « racialement inférieurs » et les ont aussi massacrés (deux cent mille morts).

– Ça, c'était il y a longtemps. Et maintenant ?

– Les massacres de minorités se poursuivent. Récemment, en 1992, les Serbes, au nom de ce qu'ils ont appelé la « purification ethnique », ont massacré par milliers des Bosniaques musulmans.

« Au Rwanda, les Hutus ont massacré les Tutsis (minoritaires, favorisés et opposés par les Européens aux Hutus). Ce sont deux ethnies qui se font la guerre depuis que les Belges ont colonisé la région des Grands Lacs de ce pays. Le colonialisme, dont nous reparlerons, a souvent divisé les populations pour régner. Ce siècle, ma fille, a été généreux en massacres et en douleur.

– Et au Maroc, il y a des Juifs ? Je sais qu'il y a des Berbères, puisque Maman est berbère.

– Au Maroc, les Juifs et les musulmans ont vécu presque onze siècles ensemble. Les Juifs avaient leurs quartiers, qu'on appelle *mellah*. Ils ne se mélangeaient pas avec les musulmans mais ne se disputaient pas avec eux. Entre eux, il y avait un peu de méfiance, mais aussi du respect. Le plus important, c'est que, lorsque les Juifs se faisaient massacrer en Europe, ils étaient protégés au Maroc. Au moment de l'occupation de la France par l'Allemagne, le roi du Maroc, Mohammed V, a refusé de les livrer au maréchal Pétain qui les lui réclamait pour les envoyer dans les camps de concentration des nazis, c'est-à-dire en enfer. Il les a protégés. Le roi a répondu à Pétain : « Ce sont mes sujets, ce sont des citoyens marocains. Ici, ils sont chez eux, ils sont en sécurité. Je m'engage à les protéger. » Les Juifs marocains qui se sont éparpillés dans le monde l'aiment beaucoup. Aujourd'hui, il reste quelques milliers de Juifs au Maroc. Et ceux qui sont partis aiment y revenir. C'est le pays arabe et musulman qui compte le plus de Juifs sur son sol. Tu sais comment les Juifs marocains appellent Sefrou, une petite ville au sud de Fez ? Ils l'appellent la « petite Jérusalem ».

– Mais pourquoi sont-ils partis ?

– Quand le Maroc est devenu indépendant, en 1956, ils ont eu peur, ne sachant pas ce qui allait se passer. Des Juifs qui étaient déjà installés en Israël les incitaient à les rejoindre. Ensuite, les guerres de 1967 et de 1973 entre Israël et les pays arabes ont fini par les décider à quitter leur pays natal pour aller soit en Israël, soit en Europe ou en Amérique du Nord. Mais les Marocains musulmans regrettaient ces départs, parce que, pendant plus de mille ans, Juifs et musulmans ont vécu dans la paix. Il existe des chants et des poèmes qui ont été composés en arabe par des Juifs et des musulmans. C'est une preuve de la bonne entente entre les deux communautés.

– Alors les Marocains ne sont pas racistes !

– Cette affirmation n'a pas de sens. Il n'existe pas de peuple raciste ou non raciste dans sa globalité. Les Marocains sont comme tout le monde. Parmi eux, on rencontre des gens racistes et des gens non racistes.

– Aiment-ils les étrangers ?

– Ils sont connus pour leurs traditions d'hospitalité. Ils aiment accueillir les étrangers de passage, leur montrer le pays, leur faire goûter leur cuisine. De tout temps, les familles marocaines ont été hospitalières ; cela est aussi valable pour les autres Maghrébins, pour les Arabes du désert, les Bédouins, les nomades, etc. Mais certains Marocains ont un comportement condamnable, notamment avec les Noirs.

– Pourquoi les Noirs ?

– Parce que, dans les temps anciens, des commerçants marocains partaient faire des affaires en Afrique. Ils commerçaient avec le

Sénégal, le Mali, le Soudan, la Guinée, et certains ramenaient avec eux des femmes noires. Les enfants qu'ils faisaient avec elles étaient souvent maltraités par l'épouse blanche et par ses enfants. Mon oncle avait deux femmes noires. J'ai des cousins noirs. Je me souviens qu'ils ne mangeaient pas avec nous. On a pris l'habitude d'appeler les Noirs *Abid* (esclaves).

« Bien avant les Marocains, des Européens blancs considéraient le Noir comme « un animal à part, comme le singe » (Buffon, 1707-1788). Cet homme pourtant très savant disait aussi : « Les Nègres sont inférieurs ; c'est normal, qu'ils soient soumis à l'esclavage. » L'esclavage a été aboli à peu près partout dans le monde. Mais il persiste sous des formes déguisées ici ou là.

– C'est comme dans ce film américain où le patron blanc fouette des Noirs…

– Les Noirs américains sont des descendants d'esclaves que les premiers immigrés installés en Amérique allaient chercher en Afrique. L'**esclavage** est le droit de propriété appliqué à un être humain. L'esclave est totalement privé de liberté. Il appartient corps et âme à celui qui l'a acheté. Le racisme contre les Noirs a été et continue d'être très virulent en Amérique. Les Noirs ont mené des luttes terribles pour obtenir des droits. Avant, dans certains États, les Noirs n'avaient pas le droit de nager dans la même piscine que les Blancs, pas le droit d'utiliser les mêmes toilettes que les Blancs, ni d'être enterrés dans le même cimetière que celui des Blancs, pas le droit de monter dans le même autobus ou de fréquenter les mêmes écoles que les Blancs. En 1957, à Little Rock, une petite ville du Sud des États-Unis, il a fallu l'intervention du président Eisenhower, de la police et de l'armée pour que neuf enfants noirs puissent entrer à la Central High School, une école pour Blancs… La lutte pour les droits des Noirs n'a pas cessé malgré l'assassinat, en 1968 à Memphis, d'un des grands initiateurs de cette lutte, Martin Luther King. Aujourd'hui, les choses commencent à changer. C'est comme en Afrique du Sud où les Blancs et les Noirs vivaient séparés. C'est ce qu'on appelait l'**apartheid**. Les Noirs, plus nombreux, étaient discriminés par la minorité blanche qui dirigeait le pays.

« Il faut que je te dise aussi que les Noirs sont comme tout le monde, eux aussi ont des comportements racistes à l'égard des personnes différentes d'eux. Le fait qu'ils soient souvent victimes de discrimination raciale n'empêche pas certains d'entre eux d'être racistes.

– Tu as dit tout à l'heure que le colonialisme divisait les gens… C'est quoi le **colonialisme**, c'est aussi du racisme ?

– Au XIXe siècle, des pays européens comme la France, l'Angleterre, la Belgique, l'Italie, le Portugal ont occupé militairement des pays africains et asiatiques. Le colonialisme est une domination. Le colonialiste considère qu'il est de son devoir, en tant qu'homme blanc et civilisé, d'aller « apporter la civilisation à des races inférieures ». Il pense, par exemple, qu'un Africain, du fait qu'il est noir, a moins d'aptitudes intellectuelles qu'un Blanc, autrement dit qu'il est moins intelligent qu'un Blanc.

– Le colonialiste est raciste !

– Il est raciste et dominateur. Quand on est dominé par un autre pays, on n'est pas libre, on perd son indépendance. Ainsi l'Algérie, jusqu'en 1962, était considérée comme une partie de la France. Ses richesses ont été exploitées et ses habitants privés de liberté. Les Français ont débarqué en Algérie en 1830 et se sont emparés de tout le pays. Ceux qui ne voulaient pas de cette domination étaient pourchassés, arrêtés et même tués. Le colonialisme est un racisme à l'échelle de l'État.

– Comment un pays peut-il être raciste ?

– Pas tout un pays, mais si son gouvernement décide de façon arbitraire d'aller s'installer dans des territoires qui ne lui appartiennent pas et s'y maintient par la force, c'est qu'il méprise les habitants de ce territoire, considérant que leur culture ne vaut rien et qu'il faut leur apporter ce qu'il appelle la civilisation. Généralement, on développe un peu le pays. On construit quelques routes, quelques écoles et hôpitaux, parfois pour montrer qu'on n'est pas venu uniquement par intérêt, toujours pour mieux en profiter. En fait, le colonisateur développe ce qui va l'aider pour exploiter les ressources du pays. C'est ça, le colonialisme. Le plus souvent, c'est pour s'emparer de nouvelles richesses, augmenter son pouvoir, mais cela il ne le dit jamais. C'est une invasion, un vol, une violence, qui peut avoir des conséquences graves sur les gens. En Algérie, par exemple, il a fallu des années de lutte, de résistance et de guerre pour en finir avec le colonialisme.

– L'Algérie est libre…

– Oui, elle est indépendante depuis 1962 ; ce sont les Algériens qui décident ce qu'il faut pour leur pays…

– 1830-1962, ça fait beaucoup de temps, cent trente-deux ans !

– Comme a dit le poète algérien Jean Amrouche, en 1958 :

> Aux Algériens on a tout pris
> la patrie avec le nom
> le langage avec les divines sentences
> de sagesse qui règlent la marche de l'homme
> depuis le berceau jusqu'à la tombe
> la terre avec les blés
> les sources avec les jardins
> le pain de la bouche et le pain de l'âme
> [...]
> On a jeté les Algériens hors de toute
> patrie humaine
> on les a faits orphelins
> on les a faits prisonniers
> d'un présent sans mémoire et sans avenir

« C'est ça, le colonialisme. On envahit le pays, on dépossède les habitants, on met en prison ceux qui refusent cette invasion, on emmène les hommes valides travailler dans le pays colonisateur.

– C'est pour ça qu'il y a beaucoup d'Algériens en France ?

– Avant l'indépendance, l'Algérie était un département français. Le passeport algérien n'existait pas. Les Algériens étaient considérés comme des sujets de la France. Les chrétiens étaient français. Les Juifs le sont devenus à partir de 1870. Quant aux musulmans, ils étaient appelés « indigènes ». Ce terme, qui signifie « originaire d'un pays occupé par le colonisateur », est une des expressions du racisme de l'époque. Ainsi, « indigène » désignait les habitants classés en bas de l'échelle sociale. Indigène = inférieur. Quand l'armée française ou les industries avaient besoin d'hommes, on allait les chercher en Algérie. On ne demandait pas leur avis aux Algériens. Ils n'avaient pas le droit d'avoir un passeport. On leur délivrait un permis pour se déplacer. On leur donnait des ordres. S'ils refusaient de les suivre, ils étaient arrêtés et punis. Ce furent les premiers immigrés.

– Les immigrés étaient français avant ?

– Ce ne fut qu'à partir de 1958 que ceux qu'on faisait venir d'Algérie furent considérés comme des Français, mais pas ceux qu'on faisait venir du Maroc ou de Tunisie. D'autres venaient d'eux-mêmes, comme les Portugais, les Espagnols, les Italiens, les Polonais…

– La France, c'est comme l'Amérique !

– Pas tout à fait. Tous les Américains, excepté les Indiens, qui sont les premiers habitants de ce continent, sont d'anciens immigrés. Les Indiens ont été massacrés par les Espagnols puis par les Américains blancs. Lorsque Christophe Colomb découvrit le Nouveau Monde, il rencontra des Indiens. Il fut tout étonné de constater qu'ils étaient des êtres humains, comme les Européens. Parce que, à l'époque, au XVe siècle, on se demandait si les Indiens avaient une âme. On les imaginait plus proches des animaux que des humains !

« L'Amérique est composée de plusieurs ethnies, de plusieurs groupes de population venus du monde entier, alors que la France n'est devenue une terre d'immigration que vers la fin du XIXe siècle.

– Mais, avant l'arrivée des immigrés, est-ce qu'il y avait du racisme en France ?

– Le racisme existe partout où vivent les hommes. Il n'y a pas un seul pays qui puisse prétendre qu'il n'y a pas de racisme chez lui. Le racisme fait partie de l'histoire des hommes. C'est comme une maladie. Il vaut mieux le savoir et apprendre à le rejeter, à le refuser. Il faut se contrôler et se dire « si j'ai peur de l'étranger, lui aussi aura peur de moi ». On est toujours l'étranger de quelqu'un. Apprendre à vivre ensemble, c'est cela lutter contre le racisme.

– Moi, je ne veux pas apprendre à vivre avec Céline, qui est méchante, voleuse et menteuse...

– Tu exagères, c'est trop pour une seule gamine de ton âge !

– Elle a été méchante avec Abdou. Elle ne veut pas s'asseoir à côté de lui en classe, et elle dit des choses désagréables sur les Noirs.

– Les parents de Céline ont oublié de faire son éducation. Peut-être qu'eux-mêmes ne sont pas bien éduqués. Mais il ne faut pas se conduire avec elle comme elle se conduit avec Abdou. Il faut lui parler, lui expliquer pourquoi elle a tort.

– Seule, je n'y arriverai pas.

– Demande à ta maîtresse de discuter de ce problème en classe. Tu sais, ma fille, c'est surtout auprès d'un enfant qu'on peut intervenir pour corriger son comportement. Auprès des grandes personnes, c'est plus difficile.

– Pourquoi, Papa ?

– Parce qu'un enfant ne naît pas avec le racisme dans la tête. Le plus souvent, un enfant répète ce que disent ses parents, proches ou lointains. Tout naturellement, un enfant joue avec d'autres enfants. Il ne se pose pas la question de savoir si tel enfant de couleur différente est inférieur ou supérieur à lui. Pour lui, c'est avant tout un camarade de jeu. Ils peuvent s'entendre ou se disputer. C'est normal. Cela n'a rien à voir avec la couleur de peau. En revanche, si ses parents le mettent en garde contre les enfants de couleur, alors peut-être qu'il se comportera autrement.

– Mais, Papa, tu n'as pas cessé de dire que le racisme c'est commun, répandu, que cela fait partie des défauts de l'homme !

– Oui, mais on doit inculquer à un enfant des idées saines, pour qu'il ne se laisse pas aller à ses instincts. On peut aussi lui inculquer des idées fausses et malsaines. Cela dépend beaucoup de l'éducation et de la mentalité des parents. Un enfant devrait corriger ses parents quand ils émettent des jugements racistes. Il ne faut pas hésiter à intervenir ni se laisser intimider parce que ce sont des grandes personnes.

– Ça veut dire quoi ? On peut sauver un enfant du racisme, pas un adulte…

– Plus facilement, oui. Il y a une loi qui gouverne les êtres à partir du moment où ils ont grandi : ne pas changer ! Un philosophe l'a dit, il y a très longtemps : « Tout être tend à persévérer dans son être. » Son nom est Spinoza. Plus vulgairement, on dira : « On ne change pas les rayures d'un zèbre. » Autrement dit, quand on est fait, on est fait. En revanche, un enfant est encore disponible, encore ouvert pour apprendre et se former. Un adulte qui croit à « l'inégalité des races » est difficile à convaincre.

Les enfants, au contraire, peuvent changer. L'école est faite pour cela, pour leur apprendre que les hommes naissent et demeurent égaux en droit et différents, pour leur enseigner que la diversité humaine est une richesse, pas un handicap.

– Est-ce que les racistes peuvent guérir ?

– Tu considères que le racisme est une maladie !

– Oui, parce que ce n'est pas normal de mépriser quelqu'un parce qu'il a une autre couleur de peau…

– La guérison dépend d'eux. S'ils sont capables de se remettre en question ou pas.

– Comment on se remet en question ?

– On se pose des questions, on doute, on se dit « peut-être que j'ai tort de penser comme je pense », on fait un effort de réflexion pour changer sa façon de raisonner et de se comporter.

– Mais tu m'as dit que les gens ne changent pas.

– Oui, mais on peut prendre conscience de ses erreurs et accepter de les surmonter. Cela ne veut pas dire qu'on change vraiment et entièrement. On s'adapte. Parfois, quand on est soi-même victime d'un rejet raciste, on se rend compte à quel point le racisme est injuste et inacceptable. Il suffit d'accepter de voyager, d'aller à la découverte des autres pour s'en rendre compte. Comme on dit, les voyages forment la jeunesse. Voyager, c'est aimer découvrir et apprendre, c'est se rendre compte à quel point les cultures diffèrent et sont toutes belles et riches. Il n'existe pas de culture supérieure à une autre culture.

– Donc il y a un espoir...

– Il faut combattre le racisme parce que le raciste est à la fois un danger et une victime.

– Comment peut-on être les deux à la fois?

– C'est un danger pour les autres et une victime de lui-même. Il est dans l'erreur et il ne le sait pas, ou ne veut pas le savoir. Il faut du courage pour reconnaître ses erreurs. Le raciste n'a pas ce courage-là. Il n'est pas facile de reconnaître qu'on s'est trompé, de se critiquer soi-même.

– Ce que tu dis n'est pas très clair!

– Tu as raison. Il faut être clair. Il est facile de dire « tu as tort et j'ai raison ». Il est difficile de dire « c'est toi qui as raison et c'est moi qui ai tort ».

– Je me demande si le raciste sait qu'il a tort.

– En fait, il pourrait le savoir s'il voulait s'en

donner la peine, et s'il avait le courage de se poser toutes les questions.

– Lesquelles ?

– Suis-je vraiment supérieur à d'autres ? Est-il vrai que j'appartiens à un groupe supérieur aux autres ? Y a-t-il des groupes inférieurs au mien ? A supposer qu'il existe des groupes inférieurs, au nom de quoi les combattrais-je ? Est-ce qu'une différence physique implique une différence dans l'aptitude au savoir ? Autrement dit, est-ce qu'on est plus intelligent parce qu'on a la peau blanche ?

– Les gens faibles, les malades, les vieillards, les enfants, les handicapés, tous ceux-là sont-ils inférieurs ?

– Ils le sont aux yeux des lâches.

– Les racistes savent-ils qu'ils sont des lâches ?

– Non, parce qu'il faut déjà du courage pour reconnaître sa lâcheté…

– Papa, tu tournes en rond.

– Oui, mais je veux te montrer de quelle façon le raciste est prisonnier de ses contradictions et ne veut pas s'en évader.

– C'est un malade, alors !

– Oui, en quelque sorte. Quand on s'évade, on va vers la liberté. Le raciste n'aime pas la liberté. Il en a peur. Comme il a peur de la différence. La seule liberté qu'il aime, c'est la sienne, celle qui lui permet de faire n'importe quoi, de juger les autres et d'oser les mépriser du seul fait qu'ils sont différents.

– Papa, je vais dire un gros mot : le raciste est un salaud.

– Le mot est faible, ma fille, mais il est assez juste.

Conclusion

La lutte contre le racisme doit être un réflexe quotidien. Notre vigilance ne doit jamais baisser. Il faut commencer par donner l'exemple et faire attention aux mots qu'on utilise. Les mots sont dangereux. Certains sont employés pour blesser et humilier, pour nourrir la méfiance et même la haine. D'autres sont détournés de leur sens profond et alimentent des intentions de hiérarchie et de discrimination. D'autres sont beaux et heureux. Il faut renoncer aux idées toutes faites, à certains dictons et proverbes qui vont dans le sens de la généralisation et par conséquent du racisme. Il faudra arriver à éliminer de ton vocabulaire des expressions porteuses d'idées fausses et pernicieuses. La lutte contre le racisme commence avec le travail sur le langage. Cette lutte nécessite par ailleurs de la volonté, de la persévérance et de l'imagination. Il ne suffit plus de s'indigner face à un discours ou un comportement raciste. Il faut aussi agir, ne pas laisser passer une dérive à caractère raciste. Ne jamais se dire : « Ce n'est pas grave ! » Si on laisse faire et dire, on permet au racisme de prospérer et de se développer même chez des personnes qui auraient pu éviter de sombrer dans ce fléau. En ne réagissant pas, en n'agissant pas, on rend le racisme banal et arrogant. Sache que des lois existent. Elles punissent l'incitation à la haine raciale. Sache aussi que des associations et des mouvements qui luttent contre toutes les formes de racisme existent et font un travail formidable.

A la rentrée des classes regarde tous les élèves et remarque qu'ils sont tous différents, que cette diversité est une belle chose. C'est une chance pour l'humanité. Ces élèves viennent d'horizons divers, ils sont capables de t'apporter des choses que tu n'as pas, comme toi tu peux leur apporter quelque chose qu'ils ne connaissent pas. Le mélange est un enrichissement mutuel.

Sache enfin que chaque visage est un miracle. Il est unique. Tu ne rencontreras jamais deux visages absolument identiques. Qu'importe la beauté ou la laideur. Ce sont des choses relatives. Chaque visage est le symbole de la vie. Toute vie mérite le respect. Personne n'a le droit d'humilier une autre personne. Chacun a droit à sa dignité. En respectant un être, on rend hommage, à travers lui, à la vie dans tout ce qu'elle a de beau, de merveilleux, de différent et d'inattendu. On témoigne du respect pour soi-même en traitant les autres dignement.

Juin-octobre 1997

Annexes

Textes de loi dans l'appareil juridique français traitant du racisme

La loi du 1er juillet 1972, votée à l'unanimité par l'Assemblée nationale française, punit la diffamation ou l'injure raciste ainsi que « la provocation à la discrimination, à la haine ou à la violence à l'égard d'une personne ou d'un groupe de personnes en raison de leur origine ou de leur appartenance ou de leur non-appartenance à une ethnie, une race ou une religion déterminée ».

Cette loi autorise les associations antiracistes qui ont au moins « cinq ans d'existence » à se porter partie civile.

Le 9 décembre 1948, la Convention des Nations unies admit le génocide comme crime contre l'humanité. Elle le définit ainsi : « Le génocide est un crime imprescriptible commis dans l'intention de détruire en tout ou partie un groupe national, ethnique, racial ou religieux. » Les États se doivent, en principe, dès lors qu'un génocide est identifié, d'intervenir pour « prévenir » ou « punir ».

★

Entre janvier et mai 1998, je me suis rendu dans une quinzaine de collèges et lycées en France et en Italie. J'ai rencontré surtout des élèves de sixième et de cinquième qui avaient lu ce livre.

L'impression générale est que le racisme est un sujet qui les intéresse et même les préoccupe. Ceux qui ont montré le plus d'inquiétude sont des enfants d'immigrés maghrébins. Trois thèmes se dégagent de ces débats : comment lutter contre le racisme ? ; comment réussir l'intégration ? ; la peur du fascisme et du Front national, et les limites de la tolérance.

Les élèves ont été préparés par leurs professeurs. Le livre a été expliqué, commenté et discuté. Quand j'arrive, les élèves me posent des questions qu'ils ont préalablement testées avec leurs parents ou leurs professeurs.

Zahra, onze ans, de grands yeux noirs, en classe de sixième dans un collège de Montpellier : « Que pensez-vous de parents arabes qui retirent leur enfant d'une école française où il y a trop d'Arabes ? »

Je lui fais répéter la question en lui demandant s'il s'agit bien de parents arabes. « Tout à fait », me dit-elle. Je lui fais part de mon étonnement puis je me dis : « Comment expliquer à une gamine la haine de soi ? » J'y renonce et préfère lui parler d'un très fort désir d'intégration. Je lui dis : « Ce sont des parents qui ont tellement envie que leur enfant soit comme les autres, comme les petits Français, qu'ils pensent qu'en le séparant des autres enfants arabes, ils le sauveront d'une éventuelle discrimination. » Zahra m'interrompt : « Mais l'enfant ne voulait pas quitter son école ; ses parents sont racistes ! » Le professeur principal, présent lors de la rencontre, intervient et me dit : « Il s'agit de son cas ; elle en a souffert. »

De toutes les questions que des enfants m'ont posées, celle de Zahra est sans doute la plus inattendue et la plus violente. J'ai été aussi assez désemparé face à des parents qui m'ont parfois fait part de leur désarroi et leur impuissance quand ils découvrent que leurs enfants tiennent des propos racistes ou même s'engagent dans les rangs du Front national. Ils s'étonnent et disent : « Pourtant, nous avons veillé à leur bonne éducation, nous avons toujours milité dans des organisations antiracistes, etc. »

A la librairie *L'Œil au vert*, à Paris, une mère de famille m'interpelle : « Mon mari et moi, nous vivons un drame. Nos deux fils, de quinze et dix-sept ans, se font souvent attaquer par des Maghrébins. Chaque fois, j'essaie de leur expliquer qu'il ne faut pas généraliser, mais ils développent un racisme anti-maghrébin. Que faire ? Votre livre n'en parle pas. »

Cette même question me sera posée autrement par un collégien de Bourges : « J'ai du mal à raisonner mon père qui ne peut plus supporter les Maghrébins parce qu'ils garent tout le temps leurs voitures devant notre garage. C'est embêtant, ils veulent pas comprendre... »

Une enseignante à Reims se plaint : « Des élèves maghrébins parlent entre eux en arabe pour que je ne comprenne pas ; c'est énervant ; que faire ? »

Camille, quatorze ans, en troisième du même collège : « Où s'arrête la tolérance ? Comment réagir quand le voisin de palier oblige sa fille de quatorze ans à se marier et à porter le voile ? »

C'est Malika qui lui répond : « En France, on ne peut pas faire ça. Moi, si mon père m'oblige à me marier, j'irai me cacher chez ma meilleure amie. »

A Bazas, une ville de cinq mille habitants dans les Landes, une jeune Anglaise dit son étonnement à propos de l'ampleur qu'a prise l'affaire du foulard en France : « En Angleterre, on est plus tolérant ! »

Rachida, employée dans l'administration d'un collège à Bourges, prend la parole en s'excusant d'intervenir dans ce débat entre enfants et me demande : « Quand est-ce que vous écrirez *Le Racisme expliqué aux parents* ? » Elle évoque ensuite les difficultés qu'elle a à faire admettre à ses parents le fait d'épouser un non-musulman, un Européen. Elle poursuit : « Pour moi, c'est du racisme ; mes parents ont peur de l'étranger ; je n'ai pas envie que l'homme que j'aime se convertisse hypocritement à l'islam pour que mes parents l'acceptent. »

Houria, douze ans, classe de sixième dans un collège de Roubaix : « Croyez-vous pouvoir agir sur un enfant dont les parents sont racistes ? » La même interrogation sera formulée par Sylvie, douze ans, au collège de Lomme : « Et si ma famille est raciste, est-ce que moi aussi je le suis, et est-ce que je peux leur faire la leçon ? » Son amie Karine enchaîne : « Au collège, on connaît un élève qui est raciste. Il n'a pas voulu lire le bouquin. C'est pas de sa faute, c'est sa famille qui est bizarre. Nous, on a tenté d'en parler avec lui, mais il n'y a rien à faire, il ne veut rien entendre. On ne sait pas quoi faire ; on espère que vous nous donnerez des arguments... »

Malika, en seconde au lycée Anatole-de-Monzie, à Bazas ; née en France de parents algériens, elle raconte comment son frère aîné, qui vit à Toulon, a dû changer son nom et son prénom « dans l'espoir de trouver du travail et d'avoir une vie normale ». Après un silence elle ajoute : « Ça n'a rien changé à sa vie parce que sa figure, il n'a pas pu la changer ! Quant à moi, je me sens bien ici. »

Abdel, un enfant d'un mariage franco-algérien, lui répond : « Moi, j'ai appris à réagir contre le racisme par l'humour ; quand nous habitions à Bordeaux, je répondais par le rire aux insinuations racistes, mais ma petite sœur, elle, en a souffert, elle a des problèmes et est obligée d'être suivie par un psy. »

Tous les enfants n'ont pas cette capacité de tourner en dérision l'insulte raciste. Alors partout où je suis allé, la même question m'était posée : « Comment réagir face à une agression raciste ? Vous ne dites pas dans votre livre quelle conduite avoir dans ces cas-là... »

C'est vrai, cela manque dans le livre. Je réponds en rappelant qu'il faut réagir, ne pas laisser passer, ne pas croire qu'il existe un racisme léger, doux comme des drogues douces ou comme une limonade light, qu'il existe des lois qui punissent l'incitation à la haine raciale. Un jour, dans un collège à Montélimar, le proviseur, qui assistait à la discussion, me fit des signes. Un enseignant me dit à l'oreille : « Il faut faire attention ; il ne faut pas encourager la violence à l'école ; ici, c'est un problème grave ; les enfants risquent de croire qu'il est légitime de se battre au collège. » Je rectifie en insistant sur le fait qu'à l'insulte raciste il ne faut pas répondre par une autre insulte raciste, mais qu'il faut se calmer et profiter de cette occasion pour s'expliquer, pour en parler en classe, tous ensemble.

Andrée, en classe de cinquième au même collège, me dit : « Je n'ai jamais été soumise au racisme. Je n'ai jamais fait du racisme. Les gens du nord de l'Afrique habitant en France sont racistes envers les Français. Certains étrangers habitant en France ne tolèrent pas nos lois… » Laurent, de la même classe, abonde dans le même sens : « Le racisme est en grande partie provoqué par les Noirs et les Maghrébins envers les Blancs. A la télé, aux informations, quand un Français tue un Arabe, on en parle pendant deux semaines. Par contre, quand c'est l'inverse, on en parle pendant deux ou trois jours. » Un autre enfant de la même classe me glisse un mot : « Je ne suis pas raciste mais je n'aime pas certains Arabes car ils sont cons. J'ai été insulté de sale from par des Arabes. » Marlène : « Que l'on soit bleu, vert, noir, rouge, jaune ou blanc, on a tous un cœur et une cervelle. Je n'ai jamais été insultée et je ne crois pas avoir insulté qui que ce soit. » Comme en écho, Ariane, élève de première dans un lycée de Bazas, dit : « J'ai un aveu à faire : quand j'étais petite j'ai traité une camarade de "négresse", je n'ai jamais recommencé. »

Jessica, douze ans, en classe de cinquième dans un collège de Reims : « Si les parents et les amis ne sont pas racistes, pourquoi devient-on raciste ? »

Arthur, de la même classe : « Comment réagiriez-vous si vous appreniez que votre fille est raciste ? »

Marion : « Est-ce que votre fille a été victime de racisme ? »

Frédéric : « Avez-vous été directement victime de racisme ? »

Je les surprends quand je leur apprends que ni moi ni mes enfants n'ont été victimes de racisme, du moins de manière directe et violente. Alors des enfants maghrébins me disent que nous sommes des privilégiés.

Avant de faire cette tournée en France, je ne savais pas que des gamins entre onze et quinze ans pouvaient être si préoccupés par le Front national. Ils assimilent ce parti aux méfaits du racisme et ne comprennent pas pourquoi la démocratie française laisse ce mouvement se développer. Les classes de troisième du collège à Montpellier n'ont posé des questions que sur le danger du Front national. A Reims, Hicham, quatorze ans, me dit : « Si un jour la République n'existait plus, il y aurait une dictature qui exclurait tous les immigrés. Quelle serait votre réaction ? » Encouragé à s'expliquer davantage, il précise : « Un parti d'extrême droite risque d'instaurer une dictature et ne plus vouloir de cette République, ça pourrait être un objectif. Si on le laisse faire, il fera ce qu'il promet de faire. »

Un autre élève maghrébin : « S'il y a des lois contre le racisme, comment se fait-il qu'un parti comme le Front national ne soit pas interdit ? » Rachid, du collège de Montpellier, pose la question autrement : « Jusqu'où doit-on être tolérant ? Est-ce que la tolérance doit s'appliquer à tous et tout le temps ? »

Là, je n'ai pu m'empêcher de faire l'éloge de

l'intolérance quand la justice et la dignité des êtres sont bafouées : on ne peut tolérer l'injustice, l'humiliation et la haine meurtrière. La tolérance est une vertu tant qu'elle ne devient pas une passivité face à l'insupportable. Il faut être tolérant, c'est-à-dire respecter ce qui est différent tout en faisant la part des choses. Être tolérant et vigilant. Face au racisme militant, vengeur et cruel, la tolérance se trouve largement dépassée. Il faut alors réagir, agir et se défendre. Parfois, il s'agit de défendre son intégrité physique, sauver sa vie et celle de ses enfants.

Constance, de la même classe : « Que ressentez-vous quand le Front national progresse ? »

Noémie : « Pourquoi, dans un pays qui défend les droits de l'homme, autorise-t-on un parti comme le Front national ? »

A Bazas, la plupart des élèves viennent de milieu rural. Un enseignant me dit : « Ici, le racisme est inconnu ou presque. » A la fin de la rencontre, des enfants m'ont avoué que, sans ce petit livre, ils n'auraient pas pensé que la haine raciale existait. Dans tout le lycée, je n'ai vu qu'un seul élève à la peau noire et une Maghrébine, Malika, parfaitement intégrée, parlant avec l'accent du pays. Pas d'étrangers, pas de racisme ? Pas si sûr. Car, en discutant avec les enfants, je me suis rendu compte que la question du racisme les préoccupe, même si elle n'est pas essentielle. Aurélie me demande : « Peut-on être raciste sans s'en rendre compte ? » Élodie : « Qu'est-ce qui vous pousse à dénoncer publiquement le racisme ? » L'unique enfant noir du collège ne dit rien. En partant, il s'approche de moi, me tend le livre pour une signature puis me dit : « Dites, monsieur, ça sert à quoi le racisme ? »

Dans un collège à Roubaix, au centre d'une ZEP (zone d'éducation prioritaire), je suis soumis à une rafale de questions préparées avec leur professeur de français. La première relève une contradiction qui s'est glissée dans le livre : « N'est-ce pas une forme de racisme de dire que les enfants du métissage sont plus beaux que les autres enfants ? » Cette question me sera posée dans toutes les classes où je suis allé. De même, le fait que le raciste est traité de salaud dans le livre a choqué certains. Au collège de Montpellier, Stéphanie me dit : « Vous dites : "Il faut respecter les gens même si on ne les aime pas." Mais, à la fin de votre livre, vous traitez les racistes de salauds. Alors, c'est quoi, ça ? » Estelle, en cinquième dans un collège de Reims : « Avez-vous pesé le pour et le contre avant d'écrire ce livre ? » Aurélie, de la même classe : « Avez-vous déjà réussi à convertir un raciste ? »

D'autres thèmes, d'autres interrogations sont venus se greffer sur ces discussions. Ce sont surtout les enfants maghrébins qui ont le plus parlé de la peur, pas la peur des agressions racistes, mais la peur de ne pas trouver leur place dans la société française. Nadia, quatorze ans, me pose la question : « C'est quoi l'intégration ? Cela veut-il dire : « est-ce que moi, née en France de parents algériens, parlant arabe à la maison, je serai un jour intégrée ? » Elle rejoint la question de Zahra sur les parents arabes qui ne veulent pas que leurs enfants se mêlent aux Arabes. Elle rappelle le frère de Malika qui a changé de nom et de prénom. Ce sont surtout ces enfants de l'immigration, petits Français dont l'avenir est difficilement envisageable dans le pays d'origine de leurs parents, qui manifestent le plus d'inquiétude tout en affirmant avec leurs mots simples une belle volonté de ne pas se voir un jour exclus de ce pays et de son histoire.

Quant aux enfants de Bazas, ceux qui disent ne pas connaître le racisme, ils m'ont posé en chœur une belle question : « Comment aimeriez-vous nous voir grandir ? »

Thomas, en classe de cinquième à Montélimar, m'a donné un bout de papier sur lequel il a griffonné cette phrase : « Le racisme, c'est avoir les yeux dans la guerre. » Sur une autre page, il a écrit cette confession : « Je n'arrive pas à comprendre la bêtise des racistes. Ce n'est pas une preuve d'intelligence. Je sais que moi je suis contre le racisme, car toutes les races sont égales que l'on soit blanc, noir, jaune, c'est pareil. Depuis tout-petit, j'ai des copains différents. »

*

Réunion le 9 avril 1998 avec des élèves d'une école primaire et d'un collège dans la salle della Protomoteca, à Campidoglio (mairie de Rome). Les enfants, âgés de dix à quatorze ans, sont accompagnés de leurs professeurs et, pour quelques-uns, de leurs parents.

Roberto, douze ans : « D'après votre livre, le racisme est plus diffusé chez les Blancs que chez les Noirs. Il existe aussi chez les Noirs. Comment faire pour qu'il ne soit ni chez les uns ni chez les autres ? » Je lui rappelle que les victimes de l'esclavage ont toujours été des gens de couleur, des Africains noirs de peau, des Indiens d'Amérique appelés « Peaux-Rouges ». Cela n'empêche pas les victimes de discrimination d'être injustes envers d'autres hommes différents d'eux.

Isabelle, treize ans, Éthiopienne arrivée en Italie à cinq ans : « Comment expliquer le fait que des personnes croient encore au fascisme après tout ce qui s'est passé ? »

Dalac, douze ans, Éthiopienne : « En plus de la peur et de l'ignorance, quel autre sentiment fait naître le racisme ? »

La bêtise.

Michele, treize ans, intervient : « Si le racisme est enfant de l'ignorance, pourquoi des gens cultivés sont racistes ? »

La culture – la connaissance, le savoir, les études – ne coïncide pas toujours avec la notion de Bien et de progrès. On peut connaître beaucoup de choses sur d'autres peuples et se comporter en supérieur, croire et faire croire que sa culture est meilleure que celle des autres. Or, ce qui caractérise les cultures, c'est leur diversité, leurs différences où n'entre aucun jugement de valeur, moral ou politique. Je rappelle un slogan noté lors d'une manifestation contre le Front national à Paris le samedi 28 mars 1998 : « L'intelligence s'arrête là où commence le racisme. »

Fabio, treize ans : « Le racisme c'est comme l'humidité. Avec le temps, la maison s'écroule. »

Silvia, dix ans : « Est-ce que, pour vous, l'homme est libre ? »

Que répondre à une gamine qui pose une question aussi grave ? Je lui dis : « Sa liberté est entre ses mains. S'il décide d'être libre, il sera libre, c'est-à-dire que personne ne pourra arrêter sa pensée. »

Guido, quinze ans, du lycée scientifique Vecchi-de-Trani (Puglia) : « Je pense que la situation en Italie n'est pas aussi critique qu'en France. Ici, nous avons quelque chose de triste : la haine de ceux qui appartiennent au Sud. Je ne crois pas qu'on puisse éliminer le racisme de manière définitive. Il m'est arrivé d'avoir des sentiments racistes à l'égard de certains clochards qui puent. En fait, ma réaction voulait dire : tu feras tout pour ne pas atteindre ce degré de dégradation. Mon racisme est préventif : ne pas se mettre en situation de provoquer le rejet des autres. »

Je lui explique que la répulsion qu'il a eue n'est pas du racisme proprement dit, mais une sorte de malaise qui a fonctionné comme un miroir éventuel. En fait, il veut dire qu'en expérimentant le racisme il n'éprouve aucune envie d'être un jour victime de ce comportement.

Elisa, quatorze ans, du même lycée, me fait la remarque suivante : « C'est facile d'expliquer le racisme à ta fille qui n'est pas raciste. Comment faire pour expliquer le racisme à quelqu'un d'intolérant et de franchement raciste ? »

L'intolérance et le racisme impliquent un comportement qui exclut le dialogue. Or, comment parler à quelqu'un qui refuse d'écouter, qui n'a pas envie de vous croire et qui campe nerveusement sur ses positions ? Je dirais que, face aux racistes arrogants, il faut opposer la loi. Les trois Américains blancs du Texas qui ont, le 10 juin 1998, attaché un homme noir à l'arrière de leur voiture et l'ont traîné jusqu'à ce qu'il meure, ne peuvent pas entendre un discours de raison. Seuls la justice et ses châtiments peuvent leur parler.

Giovanni, treize ans, enchaîne : « Alors, comment expliquer le racisme à un enfant dont les parents sont racistes ? »

Une classe spéciale dans une école du XXᵉ arrondissement, à Paris. Elle est composée d'élèves qui n'ont pas eu le niveau pour passer en sixième. On les prépare pour une scolarité différente. Certains rejoindront le collège, d'autres des écoles techniques et d'autres enfin partiront d'eux-mêmes, car l'échec scolaire leur colle à la peau. Les élèves ont entre douze et quatorze ans. Ils sont en majorité des enfants de familles pauvres, immigrées. Le fait de se retrouver dans une telle classe a une double signification : reconnaissance de l'échec scolaire ; perspectives de plus en plus réduites. Ils en sont conscients et en parlent avec franchise et lucidité. Il y a aussi du désespoir dans leurs paroles. Le racisme est vécu ici comme la conséquence de l'exclusion qui les attend, car ils savent que ces classes spéciales sont souvent des salles d'attente avant le rejet et le renvoi dans la rue.

Les enseignants font ce qu'ils peuvent. Ils ont du mérite, non seulement d'enseigner, mais aussi de donner de l'espoir et du courage à des adolescents qui constatent que la société n'arrive pas à les sauver et à les intégrer. Alors ils se tournent vers les autres et font des remarques empreintes d'un certain racisme, expression de colère et de désespoir :

Rachid, de parents algériens, né en France, quatorze ans, le plus bavard de la classe, le plus inquiet : « Pourquoi les Arabes, les musulmans, sont mal habillés, balaient les trottoirs, ont les mains sales parce qu'ils font des travaux manuels pénibles, et, de l'autre côté, pourquoi les Juifs portent des costards impeccables, dirigent dans les bureaux, travaillent dans les banques ou les hôpitaux ? Je veux savoir pourquoi nous sommes toujours mal notés, nous sommes les derniers... »

« Pourquoi les Juifs ? » lui demandai-je.

Un silence, puis il me dit : « Parce qu'ils ne nous aiment pas. »

Pourtant, Rachid avait lu le livre. Il savait ce que les Juifs avaient enduré et combien ils ont été persécutés. Mais il me reproche de ne pas avoir dit qu'ils sont aujourd'hui « injustes et méchants avec les Arabes ». Il voulait parler du conflit israélo-palestinien.

Cette remarque rejoint la question de Zahra, de la classe de sixième dans un collège de Montpellier, qui avait souffert du fait d'avoir été retirée d'une école où les parents avaient jugé qu'il y avait trop d'Arabes. L'image des Arabes est assez dévalorisée. Les enfants le ressentent dans leur propre vie et dans leurs rapports aux autres. Ce racisme-là, expression de la haine de soi, est renforcé par la misère de l'échec, qu'il soit scolaire, professionnel ou économique. Un enfant qui voit qu'il n'a pas d'avenir dans ce pays et avec cette société est fragile psychologiquement. Les repères lui échappent. La confrontation au quotidien avec les autres excite ses pulsions. L'échec scolaire est mis sur le compte d'un sentiment de rejet généralisé. Alors qu'en principe le fait d'être défavorisé économiquement devrait l'inciter à travailler davantage pour s'en sortir, dans certains cas la pauvreté provoque des réactions inverses, de défaite et de démission.

L'école publique, laïque et républicaine est une formidable machine pour l'intégration des enfants issus de l'immigration. Mais, pour que cette intégration soit complète, un travail doit être fait auprès des familles et de l'environnement immédiat (les médias ont un rôle essentiel dans cette lutte au quotidien). Sinon, le racisme profite des failles et des brèches pour s'infiltrer et s'installer dans les mentalités, que ce soit pour se défendre ou pour pallier une fragilité de raisonnement et de perception.

★

Certains enfants m'ont remis des textes qu'ils avaient écrits à l'occasion de ma visite.

Une élève de Montélimar m'a remis ce poème écrit pour ma fille Mérième :

> Magnifique jeune fille
> Étendue entre les quilles
> Riait sous la lune qui brille
> Indienne ou marocaine
> Elle filait la laine
> Mignonne et sans haine.

Trois garçons du même collège, ont écrit cet autre poème :

> Rouge, bleu, vert ou noir
> A la couleur d'Afrique
> Casse-t-elle la vie ?
> Irait-elle jusque-là ?
> Sa vie n'est pas une honte
> Mais les nôtres n'aiment pas ça
> Est-ce mortel d'accepter un pays tremblant
> d'amour ?

Enfin, ce poème de Romain, en classe de sixième :

Tant que le racisme existe
Attendre est inutile
Hachure le mot racisme
Accorde la paix aux étrangers
Rajoute un zeste de paix.

J'ai reçu beaucoup de lettres, toutes intéressantes, stimulantes. Sur le millier de lettres reçues, il n'y en eut guère plus de quatre ou cinq agressives, franchement racistes, et surtout violemment anti-arabes. J'ai fait un choix très limité parmi les lettres critiques mais positives, celles qui veulent contribuer à une réflexion sincère sur les problèmes que pose le racisme en général, et plus particulièrement en France. Des correspondants ont même eu la gentillesse de faire leur ce petit livre et de parler de « notre livre » pour dire « notre combat ». Ceux-là ont corrigé certaines erreurs contenues dans une des premières éditions.

Les mots :

Ainsi, j'ai eu la maladresse d'écrire « les Allemands » en pensant aux nazis qui s'activaient déjà en 1933.

M. Lorneanu m'écrit :

Je pense que, même si vu de France on a peu entendu d'Allemands s'élever contre le discours antisémite des nazis, il est préjudiciable à la bonne tenue de votre présentation qui insiste sur le problème des généralisations abusives, à l'exactitude des faits, à la bonne entente que nous voulons renforcer avec nos voisins, il est préjudiciable d'écrire Allemands et non nazis à ce moment de votre démonstration.

Une autre remarque : Vous écrivez : « Les Noirs [...] eux aussi ont des comportements racistes ». Permettez-moi de suggérer que « les Noirs sont comme tout le monde : certains d'entre eux peuvent avoir des comportements racistes ».

J'ai aussi reçu une belle lettre à propos du mot *handicap* que j'ai utilisé sans penser que la définition de ce mot est double, littérale et sociale. Voici des extraits de la lettre de M. Patrick Prieur (La Rochelle) :

Page 55, vous écrivez : « ... la diversité humaine est une richesse, pas un handicap ».

L'emploi de ce mot est malvenu, voire dangereux. Vous ne faites aucune remarque à ce sujet, c'est dommage et – je le répète – dangereux, le transfert « péjoratif » lié au mot *handicap* accentue l'infirmité qui met quelqu'un en état d'infériorité physique ou mentale, victime d'un racisme plus masqué car il n'est pas directement violent, au contraire, semble bienveillant en apparence « par amour de son prochain », « par pitié », etc.

L'histoire des camps de concentration de la Seconde Guerre mondiale nous rappelle que les handicapés furent les premiers arrivés.

Le handicap d'un être humain dérange car, consciemment ou inconsciemment, rappelle à la fragilité humaine, et je vous rejoins sur le fait que le raciste n'aime pas ce qui le dérange, il a peur.

Les enfants ne reconnaissent pas l'enfant handicapé, il n'existe pas, c'est un enfant, le dérapage est plus tardif et j'espère comme vous que l'école luttera fortement contre le racisme mais évitera d'y associer le mot handicap qui a une forte consonance sociale, et « racisme handicap », ces deux mots associés créent des maux et ne contribuent pas à extraire de l'exclusion les personnes handicapées.

Je vous donne raison sur l'utilisation du mot handicap. *Dans cette nouvelle version, il a été remplacé par « obstacle, appauvrissement ». Je n'ai pas voulu évoquer, dans un livre sur le racisme, le problème du rejet (méfiance, peur, réticence) de la personne handicapée. C'est un autre problème semblable à ce qu'on appelle, trop rapidement et sans réfléchir « le racisme anti-jeunes ou anti-vieux ».*

M. Da Piedade (Gonesse) :

Il faut commencer par donner l'exemple et faire attention aux mots qu'on utilise. Malheureusement, je pense qu'à votre corps défendant vous avez commis une erreur à deux reprises :
1) page 41 : « [...] comme un homme de couleur pourrait être raciste ».
2) pages 54 : « En revanche, si ses parents le mettent en garde contre les enfants de couleur, alors peut-être qu'il se comportera autrement. »
Généralement, les hommes noirs dont je suis sont désignés comme des hommes de couleur (par pudeur, par dégoût, par habitude, pour ne pas dire noir...), comme s'ils étaient différents des autres, en l'occurrence des Blancs qui sont censés ne pas avoir de couleur. On peut donc comprendre que les Blancs sont la norme et que les Noirs sont définis par rapport à la norme, ils sont donc hors norme, voire anormaux. Or j'ai toujours appris à l'école que blanc, noir, jaune, vert,

rouge… étaient des couleurs. Ce principe étant posé, pouvez-vous me dire maintenant qui peut-on appeler « homme de couleur » ?

Cette remarque se veut bien entendu constructive, car ayant travaillé comme animateur, directeur de centre de loisirs et maintenant directeur d'un service de l'enfance, je suis particulièrement sensible à tous ceux qui œuvrent pour faire avancer le discours contre le racisme.

M. Nyhan (Nice) fait remarquer :

L'utilisation de mots contraires à notre sensibilité d'être humain ne doit pas devenir une chasse aux sorcières, puisque si nous les condamnons, cela ne les empêchera pas d'exister. En outre, à les condamner, nous ne les vidons pas de sens, tandis que nous les affublons de la couronne de l'interdit, qui ne fait qu'encourager la provocation, en nous retranchant derrière le politiquement correct. Ne tendons pas le piège pour nous faire piéger. [...] Ne soyons pas racistes envers les mots. Et ne professons pas la dictature des mots.

Salaud

Beaucoup de correspondants ont protesté contre l'utilisation du mot « salaud » qu'utilise Mérième à la fin du dialogue.

M. Hissette (Bruxelles) écrit :

Je condamne le racisme comme vous le faites ; je considère le raciste comme responsable de ses paroles et de ses actes et donc condamnable pour ce qu'il *dit* et *fait* (de raciste). Mais je ne puis le condamner pour ce qu'il EST.

Confondre les paroles et les actes avec les personnes elles-mêmes me paraît bien trop réducteur et dangereux même. Ne sommes-nous pas tous PLUS que ce que nous disons et faisons ? […]
Je dirais donc de préférence ceci : le raciste n'est pas un salaud, mais ce qu'il dit et fait de raciste est salaud.

M. Gache (Saint-Rémy-lès-Chevreuse) est plus direct :

Vous dites : "il faut respecter les autres"... mais à la fin de votre livre vous traitez les racistes de salauds. Alors une question se pose : comment une remarque de bon sens venant d'une enfant de collège a-t-elle pu échapper à un autre grand donneur de leçons et aussi sûr de soi ?

L'utilisation du mot « salaud » est une boutade. Elle n'est pas réfléchie ; j'aurais dû expliquer davantage à Mérième la distinction entre ce qu'on fait et ce qu'on est.
Le même genre de remarque m'a été fait à propos de la phrase « en général les métis sont beaux ». Des enfants (non métis) ont protesté, d'autres ont souri en disant que l'auteur avait lui aussi des préférences. En fait, ce fut aussi une boutade, une légère dérive vers la subjectivité.

Mais comme m'écrit M. Bancal (Le Chesnay) :

J'aurais tendance à dire «ni plus ni moins [beau] que n'importe quel autre être humain». Et si le métissage peut être une source d'enrichissement culturel, il peut être aussi la marque d'un rapport de force ; cela a été souvent le cas dans le passé avec les colonisateurs, qui se « servaient » en femmes dans les populations autochtones, que ce soit les colonisateurs européens ou les conquérants arabes après l'Hégire, colonisation plus ancienne mais non moins discutable, comme peuvent le constater les Berbères.

La colonisation

Comme pour le mot « handicap », certains lecteurs ont contesté l'utilisation du concept de colonisation dans un livre sur le racisme. Ils pensent que l'occupation de certains pays d'Afrique, du Maghreb ou d'Asie partait d'un ensemble de bonnes intentions.

Mme Larralle (Périgueux) écrit :

Je vous parle avec mon cœur. Dans ma jeunesse, je travaillais dans une crèche à Agadir, et je vous assure que les petits Marocains étaient aussi bien dorlotés et chouchoutés que les petits Français. Ma belle-mère, qui habitait Marrakech, soignait de ses propres deniers des enfants dans le bled… En France, il y a des gens de votre pays qui aident gentiment et bénévolement aussi.
En 1995, j'étais à Agadir, heureuse de revenir dans ce si joli pays, de voir sa reconstruction. J'ai eu des regrets pour l'invasion des papiers et autres sacs d'emballage qui proviennent des supermarchés, j'ai fait quelques achats, notamment des cartes postales, et en sortant du magasin, un Marocain de quarante-cinq ans environ m'a dit sans que je dise quoi que ce soit : « Je n'aime pas la France, et je hais les Français. » Je n'ai pas ré-

pondu, mais en moi-même je me disais « ... peut-être est-ce un de mes petits d'autrefois... ». Pour moi, c'était triste. [...]

Je suis allée au Vietnam en 1997. Je vous assure que nous n'avons pas à avoir honte des écoles, des routes, des hôpitaux, des ponts construits par des Français. Les Vietnamiens circulent toujours dessus, et je ne pense pas que ceux qui ont fait tant de choses là-bas pensaient tous charbon, cuivre, or... Votre livre était difficile à écrire, mais il faut dissocier État et peuple, et vous ne le dites pas assez fort.

Les croisades

M. Port (Ploermel) m'écrit à propos des croisades :

Sur le fait des croisades, et plus précisément sur les motifs qui ont conduit Urbain II à inviter les chrétiens à se mettre en marche vers Jérusalem, vous avez pu, comme moi, consulter des sources occidentales et orientales, considérées comme sérieuses ; et y lire que ce mouvement a été déclenché par des événements-causes touchant au domaine religieux sans connotation de racisme. Ce dérapage de votre plume, je le regrette d'autant plus que je suis un lecteur intéressé, attentif, et parfois ému ou admiratif. Une décennie vécue sur les berges du canal de Suez (1947 à 1957) a ouvert, en effet, ma curiosité et mon attention à l'égard du monde arabe, de l'islam, des problèmes du Moyen-Orient : un monde tout autre. Belle occasion de vivre au quotidien le racisme ou le non-racisme.

Inutile donc, me semble-t-il, d'ajouter que ma controverse ne repose sur aucun préjugé raciste.

Une institutrice retraitée, Mme Noël :

J'ai donc lu, page 28 : « Des milliers de chrétiens
partirent [...] massacrer des musulmans. » C'est
vrai, et j'ai honte en tant que chrétienne. Mais
pourquoi ne dites-vous pas à votre fille qu'en 647
les Arabes ont envahi l'Afrique du Nord chrétienne et ont massacré les Berbères pour les
convertir à l'islam ?
Vous dites : « Entre le XIe et le XVe siècle, les chrétiens d'Espagne ont expulsé les musulmans. » Il
aurait peut-être fallu lui préciser que ces derniers
avaient envahi l'Espagne à la suite de l'Afrique du
Nord, puis la Gaule jusqu'à Poitiers... (Heureusement que nous avons eu ce brave Charles Martel !)
Je ne pense pas que ces conquêtes se soient faites
avec des sucres d'orge. Ces conquistadores musulmans, aidés par de belliqueux Berbères, savaient
manier le sabre et le couteau. (Ils savent encore,
voyez en Algérie, hélas ! ! ! Là aussi, c'est du racisme envers les femmes.) Je ne parle pas du malheur des Juifs, car, de tout temps, ils ont été persécutés. Mais, mais... ils sont eux-mêmes racistes...
Pour ne pas créer de racisme, il faut raconter l'histoire sous toutes ses facettes même si les actes de
nos propres ancêtres nous font honte. Aucun
groupe ethnique n'a complètement tort ou raison.

Vivre au quotidien

Mme Boudard (bibliothécaire à Besançon) m'a
écrit une longue lettre pour dire sa déception :

La majorité des enfants de huit ans que je côtoie ne
seront malheureusement ni attirés ni accrochés
par la présentation et le texte de votre livre. Je

conteste le contenu beaucoup trop théorique et idéologique de ce livre. Puis-je me permettre de vous parler de mon expérience de mère de famille ? Quand mes enfants étaient petits et que nous habitions un village peuplé à 100 % de « Français de France », nous rencontrions des étrangers uniquement pour des échanges de sympathie, voire d'amitié. Il m'était alors extrêmement facile d'expliquer à mes enfants que Noirs et Blancs se valent et que les hommes naissent libres et égaux en droits, comme en témoignent la plupart des albums pour la jeunesse.

Les choses se sont gâtées quand nous sommes venus habiter en ville dans un quartier peuplé d'immigrés. [...]

Mon fils, se plaignant d'être agressé verbalement (« ils me traitent ») et physiquement, a pris en grippe les Maghrébins. J'avais beau lui répéter que toutes les races se valent, etc., etc. (cf. le contenu du livre), il se sentait incompris, se butait et s'est mis à sympathiser avec des jeunes aux idées d'extrême droite qui, au moins, savaient l'écouter. Heureusement, lors d'une conférence sur l'éducation des ados, j'ai compris que je ne savais pas entendre mon fils. Quand il me parlait, j'attendais qu'il ait fini sa phrase pour lui expliquer avec mes bons arguments d'adulte qu'il ne fallait pas être raciste.

Je me suis mise à l'écouter vraiment et j'ai dû convenir avec lui qu'il était extrêmement désagréable de se trouver à un arrêt de bus en face de jeunes qui vous « traitent » et que ces jeunes étaient toujours d'origine maghrébine.

J'ai dû reconnaître que, si je le laissais seul à la piscine, il risquait de se faire agresser. C'est vrai aussi qu'un jeune doit éviter de passer dans certains quartiers en vélo de crainte de se voir délester de son bien. Et pourtant moi, ces quartiers, je les traverse chaque jour à pied sans problème. Les jeunes que je croise me saluent gentiment. Pourquoi m'obstiner à lui dire que tout le monde avait la même mentalité quand son copain entendait une mère algérienne dire à son fils : « Ramène-moi un vélo et je te donnerai 200 francs » ?

J'ai cessé de me boucher les yeux devant la réalité et j'ai changé de discours. J'ai dit à mon fils : « Parmi les Français, il y a des gens que tu aimes, il y a une majorité qui te sont indifférents et il y en a que tu aimes (deux de ses meilleurs copains étaient iraniens !) ; il y a une majorité qui te sont indifférents et tu as le droit de ne pas aimer ceux qui se montrent voleurs ou agressifs, voire violents. Ce n'est pas l'Arabe que tu n'aimes pas, c'est le voleur. Je te demande simplement de tous les respecter. »

J'ai tenu les mêmes propos à une amie institutrice dans une classe particulièrement difficile de la banlieue parisienne. Elle me disait : « Marie, je crois que je deviens raciste, je n'en peux plus des Arabes de ma classe. » Suivait le récit de son année scolaire sans cesse perturbée, notamment par un garçon d'origine maghrébine d'âge indéterminé. Quand il a été question de partir en classe verte, aucun des accompagnateurs n'acceptait de l'emmener. Mon amie a pris sa défense et obtenu qu'il parte comme les autres enfants. En moins d'une semaine dans une nouvelle structure d'accueil, l'élève a causé délibérément de graves dégradations sur des œuvres d'art. Mon amie a dû faire intervenir l'assurance pour payer le prix exorbitant des réparations, étouffer l'affaire pour éviter le scandale, etc., etc. « C'est toujours les Arabes », me disait-elle. Je lui ai dit que sa révolte légitime ne relevait pas du racisme parce qu'elle aurait éprouvé le même sentiment à l'égard d'un Français ou de tout autre enfant qui aurait eu ce comportement. « C'est le comportement que tu condamnes et non pas l'être humain, ni sa famille, ni sa race. » [...]

Je ne suis pas raciste, mais...

Mme Divry (Charleville-Mézières) avoue que la lecture du livre l'a laissée perplexe :

> J'avais pensé, dans un premier temps, l'offrir à ma filleule, âgée de onze ans et qui est raciste... mais votre livre ne peut convaincre que quelqu'un qui n'est pas raciste ou quelqu'un d'ouvert (... donc très jeune) qui n'a pas été déformé par l'éducation qu'il a reçue et le vécu qu'il a pu subir. Que faire pour les autres ? La peur de l'étranger est une idiotie certaine, mais cette peur est fondée sur un vécu indéniable (agression, violence verbale, vandalisme). [...] Je suis professeur dans un lycée tranquille de centre-ville et j'ai peur pour mes élèves d'origine arabe, car je sais qu'ils peuvent être victimes de n'importe quelle brimade ou, pire, « ratonnade ». Faut-il se dire que c'est inévitable... que les bons payent toujours pour les mauvais ?

Mme Lyonnet (Cergy-Village) est considérée raciste par certains membres de sa famille :

> En fait, je pense que j'exprime simplement tout haut ce que beaucoup pensent tout bas, mais n'avoueraient à aucun prix, de peur justement d'être traités de racistes. Je trouve en effet tout à fait normal d'expulser un étranger en situation irrégulière ou ayant commis une infraction sur le territoire. Je trouverais également logique de supprimer les allocations familiales aux familles inca-

pables de « tenir » leurs enfants, toutes origines confondues évidemment. Je reconnais être choquée lorsque je me retrouve seule « Blanche » à la caisse d'un supermarché, ou lorsque à la sortie des écoles je constate que les trois quarts des enfants sont « colorés » (expression entendue récemment de la bouche d'un policier). Les salles d'attente des Allocations de l'ANPE et de la Sécurité sociale (où j'ai même vu les consignes rédigées en arabe) sont également remplies en majorité d'étrangers. Ajoutez à tout cela les médias qui, mine de rien, y vont de leur bourrage de crâne insidieux, et nous arrivons à ce que l'on pourrait appeler un racisme de ras-le-bol, du trop c'est trop, l'impression d'être envahi, de ne plus être chez soi.

Et pourtant, sincèrement, je ne pense pas être raciste au sens littéral du mot. Il n'y a pas pour moi de race supérieure, mon seul critère de jugement est et restera la valeur humaine. [...]

M. Francis B. militant à Amnesty International s'interroge sur l'image de l'Islam :

Quand j'entends quelqu'un dire : « C'est du boulot arabe ! », je dis toujours : « Quel compliment ! ».

Savez-vous que les Arabes ont apporté à la France beaucoup de connaissances : nombres, algèbre, géométrie, médecine, astronomie, etc.

Hélas, je ne peux pas être précis dans cet argument. Pouvez-vous m'aider et me dire ce que vous pensez de ma réponse à la réflexion : « C'est du boulot arabe ! »

Je suis très attaché aux droits de l'Homme. Je milite à Amnesty International.

J'ai mon cœur déchiré car, à ma plus grande honte, je crois être raciste, bien que ma meilleure amie soit noire !

J'ai peur de l'Islam. Ce qui se passe en Afghanistan est horrible.

J'aimerais que vous me disiez si le Coran est compatible avec la déclaration universelle des droits de l'Homme.

Est-ce que le livre sacré des musulmans dit que l'on doit appliquer la peine de mort, lapider les femmes adultères, pratiquer l'excision, la flagellation, l'amputation, interdir la musique et l'image, etc.

J'ai une vision cauchemardesque de l'Islam et je serais tenté de croire que c'est la religion la plus dangereuse au monde… Je suis catholique et je suis conscient que ma religion a beaucoup de choses à se reprocher : l'Inquisition, le massacre des protestants, l'intégrisme, etc. »

Anecdotes

De Mme Aird (Ontario, Canada) :

Lorsque ma fille avait quatre ans, lors d'une promenade dans notre petite ville où nous ne rencontrions à l'époque presque jamais de personnes d'ascendance africaine, nous voyons venir en notre direction un bel homme de très haute stature, aux traits africains, à la peau presque d'ébène. Lorsqu'il nous a croisés et qu'il est à quelques pas derrière nous, ma fille me demande si je pense qu'il est hollandais. Je suis surprise de sa question ; je n'ai vu que des traits africains, une peau de couleur très foncée. « Pourquoi penses-tu qu'il est hollandais ? » lui demandai-je. « Eh bien, me dit-elle, c'est parce qu'il porte des sabots. » Je me retourne et, en effet, le jeune homme portait des sabots. Cela m'a fait chaud au cœur.

M. J.-M. Luscher (Genève) :

Je reviens de la crèche avec Camille. Elle a trois ans et demi. Ce jour-là, elle est très contente parce qu'elle s'est bien amusée avec Blaise.
– Bien... et c'est qui, Blaise, c'est lequel de tes copains ?
– Tu sais, c'est celui qui a le pull rouge.
– Non, je ne vois pas. Il est comment ?
– Ben... j'sais pas... il a un pull rouge !
Sans plus insister, j'attends le lendemain matin, où, de retour à la crèche, je demande à Camille de me montrer son copain Blaise. Elle me le désigne. Il a encore son pull rouge. Il a effectivement l'air sympathique et il me fait un large sourire. Ce sourire lumineux qui éclaire le visage tout noir des petits Africains !

*

Un article du journal *Le Monde* du 8 avril 1998 :

Une équipe de chercheurs de l'université d'Helsinki vient, pour la première fois, de mettre en évidence le lien entre consanguinité et extinction de populations isolées [la consanguinité est le lien qui unit les enfants issus du même père].

Les dangers de la consanguinité prouvés par des papillons

Pour la première fois, des chercheurs viennent de prouver, sur le terrain, que la consanguinité favorise la disparition de populations relativement isolées les unes des autres. En étudiant le damier, un papillon européen fort commun habitant l'archipel Åland, un ensemble d'îles situées entre Finlande et Suède, une équipe de l'université d'Helsinki a montré que le risque d'extinction augmentait de manière significative chez les lépidoptères dont la richesse génétique avait été affaiblie par des unions entre parents proches.

Les conclusions de ces biologistes finlandais, rapportées par la revue scientifique Nature du 2 avril, ne sont que la face émergée d'un travail de plusieurs années. Entre 1993 et 1996, avec l'aide d'étudiants embauchés pour l'été, ces scientifiques ont quadrillé quelque 1 600 prairies où poussent le plantain et la véronique à épis, les deux plantes dont se nourrit la chenille du damier. [...] l'année d'existence du damier est réglée comme une horloge, quasiment au jour près. L'accouplement et la ponte des œufs ont lieu en juin. Regroupées en paquets de 50 à 250 larves, les chenilles se nourrissent jusqu'en août. Elles font ensuite une pause, puis reprennent leur festin glouton en mars de l'année suivante ; enfin, le papillon sort de son cocon en mai. Il ne lui reste que quelques semaines pour se reproduire.

[...] Les chercheurs finlandais ont extrait du modèle établi à partir de leurs observations toutes les données extérieures (conditions météorologiques, pénurie de nourriture, taille des prairies et des populations, distance séparant celles-ci, etc.) qui pouvaient conduire à la disparition de tel ou tel groupe de papillons. Une fois ces soustractions effectuées, ne restait plus, sur leur calculatrice, que la part de la consanguinité, soit 26 % des causes d'extinction.

On a constaté que ces populations isolées (ne se reproduisant qu'entre elles) présentaient un succès reproducteur moins important que la moyenne. Cela vient du fait que la taille du groupe de larves et le poids de chacune d'elles sont plus bas que la normale ; les papillons femelles vivent moins longtemps et, par consé-

quent, pondent moins d'œufs. Dernier point, le temps passé dans le cocon est plus long que la moyenne, ce qui favorise le parasitisme.

(Pierre Barthelemy,
Le Monde, 8 avril 1998)

En quoi cela nous concerne-t-il ? Ces papillons ont été appauvris parce qu'ils ne se mélangeaient pas à d'autres groupes, différents d'eux. Cette expérience scientifique montre que la consanguinité (le fait de se marier à l'intérieur du même clan, de la même famille) peut être dangereux car c'est un appauvrissement génétique. Le mélange (le métissage) fait peur à certains. Une chercheuse de l'université de Montpellier II, Isabelle Olivieri, dit : « On se heurte à une forte résistance psychologique, à une espèce de racisme qui veut qu'on évite de faire des mélanges de populations. Une idée de pureté de la race traîne encore dans les esprits. »

*

Notes :

Le chiffre de cinq millions de Juifs tués dans les camps de concentration et les chambres à gaz par les nazis est donné par l'historien américain Raoul Hilberg dans son livre *La Destruction des Juifs d'Europe* (Fayard, 1988). Le chapitre X du livre commence par cette phrase : « Les Allemands tuèrent cinq millions de Juifs. »

Pour ce qui est du génocide des Arméniens, la référence est le livre d'Yves Ternon, *L'État criminel, les Génocides au XXᵉ siècle*, aux Éditions du Seuil, 1995, Paris.

RÉALISATION: PAO ÉDITIONS DU SEUIL
IMPRESSION: NORMANDIE ROTO IMPRESSION S. A.S.
À LONRAI (61250)
DÉPÔT LÉGAL: JANVIER 1999. N° 36275-12 (03-0951)

IMPRIMÉ EN FRANCE

DATE DUE